赵晔 著

内敛与华丽

良渚陶器

良渚文明丛书
Liangzhu Civilization Series

Introversion and Resplendence

Liangzhu Pottery

ZHEJIANG UNIVERSITY PRESS
浙江大学出版社

良渚与中华五千年文明

刘　斌

　　时间与空间真是奇妙的组合，当我们仰望星空，看到浩瀚的宇宙，那些一闪一闪的星星，仿佛恒久不变地镶嵌在大幕中。然而，现代科学告诉我们，光年是距离单位，宇宙深处星星点点射向我们的光线，来自遥远的过去。原来，时空的穿越，不过是俯仰之间。

　　考古，同样是这种俯仰之间的学问，由我们亲手开启的时光之门，将我们带回人类历史中每一个不同的瞬间。而距今 5000 年，就是一个特殊的时间点。

　　放眼世界，5000 年前是个文明诞生的大时代。世界上的几大流域，不约而同地孕育出早期文明，比如尼罗河流域的古埃及文明、两河流域的苏美尔文明、印度河流域的哈拉帕文明。那么，5000 年前的中华文明在哪里？这个问题困扰学界甚久。按照国际上通行的文明标准，城市、文字、青铜器……我们逐一比对，中国的古代文明似乎到出现了甲骨文的商代为止，便再难往前追溯了。

　　考古学上，我们把文字之前的历史称为"史前"。在中国的史前时代，距今 1 万年以来，在辽阔版图的不同地理单元中，就开始演绎出各具特色的文化序列。考古学上形象地称之为"满天星斗"。然而，中国的史前时代长久以来被低估了。一直以来，我们都是以夏商为文明探源的出发点，以黄河文明作为中华文明的核心，无形中降低了周围地区那些高规格遗迹遗物的历史地位，比如辽西的红山文化、江汉地区的石家河文化、太湖流域的良渚文化、晋南的陶寺文化、陕北的石峁遗址……随着探源脚步的迈进，我们才渐渐发现，"满天星斗"的文化中，有一些已然闪现出文明的火花。"良渚"就是其中一个特殊的个案。

　　大约在 5300 年前的长江下游地区，突然出现了一个尚玉的考古学文化——良渚文化。尽管在它之前，玉器就已广受尊崇，但在此时却达到空前的繁荣。与以往人们喜爱的装饰玉器不同，良渚人的玉器可不仅仅是美观的需要。这些玉器以玉琮为代表，并与钺、璜、璧、冠状饰、三叉形器、牌饰、锥形器、管等组成了玉礼器系统，或象征身份，或象征权力，或象征财富。那些至高无上的人被埋葬在土筑的高台上，配享的玉器种类一应俱全，显示出死者生前无限的尊贵。礼玉上常见刻绘有"神徽"形象，用以表达良渚人的统一信仰。这些玉器的拥有者是良渚的统治阶级，他们相信自己是神的化身，行使着神的旨意，随葬的玉器种类和数量显示出他们不同的等级和职责范围。我们在杭州余杭的反山、瑶山，常州武进的寺墩，江阴的高城墩，上海的福泉山等遗址中，都发现了极高等级的墓群。这就似乎将良渚文化的分布范围分割成不同的统治中心，呈现出小邦林立的局面。然而，历史偏偏给了余杭一个机会，在反山遗址的周围，越来越多的良渚文化遗址被发现，这种集中分布的遗址群落受到了良好的保护，使得考古工作得以在这片土地上稳步开展。到今天再来回望，这为良渚文明的确立提供了必要的前提。否则，谁会想到零星发现的遗址点，竟然是良渚古城这一王国之都的不同组成部分。

今天，在我们眼前所呈现的，是一个有 8 个故宫那么大的良渚古城（6.3 平方公里）。它有皇城、内城、外城三重结构，有宫殿与王陵，有城墙与护城河，有城内的水路交通体系，有城外的水利系统，作为国都，其规格已绰绰有余。除了文字和青铜器，良渚文化在各个方面均已达到国家文明的要求。其实，只要打开思路，我们会发现，通行的文明标准不应成为判断一个文化是否进入文明社会的生硬公式。青铜器在文明社会中承载的礼制规范的意义，在良渚文化中是体现在玉器上的。文字是记录语言、传承思想文化的工具，在良渚文化中，虽然尚未发现文字系统，但那些镌刻在玉礼器上的标识，也极大程度地统一着人们的思想，而大型建筑工事所反映出的良渚社会超强的组织管理能力，也透露出当时一定存在着某种与文字相当的信息传递方式。因此，良渚古城的发现，使良渚文明的确立一锤定音。

如今，良渚考古已经走过了 80 多个年头。从 1936 年施昕更先生第一次发现良渚的黑皮陶和石质工具开始，到今天我们将其定义成中国古代第一个进入早期国家的区域文明；从 1959 年夏鼐先生提出"良渚文化"的命名，学界逐渐开始了解这一文化的种种个性特点，到今天我们对良渚文明进行多领域、全方位的考古学研究与阐释，良渚的国家形态愈发丰满起来。这一系列丛书，主要是由浙江省文物考古研究所致力于良渚考古的中青年学者，围绕近年来杭州市余杭区瓶窑镇良渚古城遗址的考古发现与研究，集体编纂而成，内含极其庞大的信息量。其中，包含有公众希望了解的良渚古城遗址的方方面面、良渚考古的历程、良渚时期古环境与动植物信息、代表了良渚文明最高等级墓地的反山王陵、为人们津津乐道的良渚高等级玉器、供应日常所需林林总总的良渚陶器……还有专门将良渚置于世界文明古国之林的中外文明比对，以及从媒体人角度看待良渚的妙趣横生的系列报道汇编。相信这套丛书会激起读者对良渚文明的兴趣，从而启发更多的人探索我们的历史。

可能很多人不禁要问：良渚文明和中华文明是什么样的关系？因为在近现代历史的观念里，我们是华夏儿女，我们不知道有一个"良渚"。其实，这不难理解。我们观念里的文明，是夏商以降、周秦汉唐传续至今的，在黄河流域建立政权的国家文明，是大一统的中华文明。考古学界启动"中华文明探源工程"，为的就是了解最初的文明是怎样的形态。因此，我们不该对最初的文明社会有过多的预设。在距今5000年的节点上，我们发现了良渚文明是一种区域性的文明。由此推及其他的区域，辽西可能存在红山文明，长江中游可能存在石家河文明，只是因为考古发现的局限，我们还不能确定这些文明形态是否真实。良渚文明在距今4300年后渐渐没落了，但文明的因素却随着良渚玉器得到了有序的传承，影响力遍及九州。由此可见，区域性的文明实际上有全局性的影响力。

人类的迁徙、交往，从旧石器时代开始从未间断。不同规模、不同程度、不同形式的人口流动，造成了文化与文化间的碰撞、交流与融合。区域性的文明也是一个动态的过程。目前来看，良渚文明是我们所能确证的中国最早文明，在这之后的 1000 多年，陶寺、石峁、二里头的相继繁荣，使得区域文明的重心不断地发生变化。在这个持续的过程中，礼制规范、等级社会模式、城市架构等文明因素不断地传承、交汇，直至夏商。其实，夏商两支文化也是不同地区各自演进发展所至，夏商的更替，其实也是两个区域性文明的轮流坐庄，只是此时的区域遍及更大的范围，此时的文明正在逐鹿中原。真正大一统的中央集权国家，要从秦朝算起。这样看来，从良渚到商周，正是中华文明从区域性文明向大一统逐步汇聚的一个连续不断的过程，万万不可将之割裂。

2019 年 5 月于良渚

聚焦良渚陶器

赵　晔

良渚是个地名，是杭州市北郊余杭区所辖、始设于清代的一个老镇；

良渚是个考古学文化，分布于长江下游的环太湖流域，因首先发现于良渚镇而被命名为"良渚文化"；

良渚是个大遗址，良渚地区所发现的数百处遗址点属于一个有机整体，考古界称之为"良渚遗址"；

良渚是座古城，宽大的城垣在良渚遗址的中央傲然挺立，面积达6.3平方公里；

良渚曾是个古国，三重结构的古城是它的都城，既是权力中枢，也是信仰中心；

良渚是个古文明，孕育了国家社会和众多文明元素，堪称"良渚文明"。

良渚一词，拥有这么多的"头衔"，足见其文化底蕴有多深厚。可以说，史前时代的良渚文化就是"高富帅"。说它"高"，是因为其文明化程度高，已经有了清晰的国家形态；说它"富"，是因为它已产生集资源与财富于一身的强势政体；说它"帅"，是因为它的都城气势恢宏，它的玉质礼器精美绝伦。

良渚也是个世俗社会。上至王公贵族，下至平民百姓，都要过日子，他们的生存状态直观地反映了良渚社会的状态。民以食为天，陶器是良渚先民每日不可或缺的器物，吃饭、喝汤、饮酒、存取食物都离不开它。即便人死后，也要随葬一些陶器，为的是在冥间也能享受美食。

良渚陶器崇尚黑色，已普遍使用轮制技术，器物造型讲究对称均衡，俊秀而不张扬，是为内敛。良渚陶器中的精品通体刻满花纹，在黑亮的表皮衬托下醒目而灵动，是为华丽。红陶是良渚陶器中的一抹亮色，在黑色的器物丛林中，红色器物显得活泼而热烈。良渚陶工偶尔也会生产一些奇形怪状的产品，或憨态可掬，或妙趣横生。

　　看似静穆的陶器，其实经过了泥土的锤炼、转台的拉升、胎体的修饰、器表的打磨、烈火的烧灼，其种类、造型、装饰、色彩直接反映了古代先民的制作技术、审美情趣和艺术天赋。而陶土来源、加工工艺、纹饰风格、色彩偏好、器物用途，又与物质资源、社会发展水平、文化传统、信仰观念有着内在关联。通过陶器，我们能够感知良渚先民的生活状态、生活品位和生活态度。所谓"一物一世界"，以陶器为视角，我们可以看到精彩的良渚世界。

目录 Contents

Introversion and Resplendence:
Liangzhu pottery

内敛与华丽：良渚陶器

第一章　陶之出处

陶器是史前时代的器物主角，是先民们日常生活中最大宗的生活用品。因此，史前文化考古发掘中最常见的是陶器，无论是在地层、生活遗迹还是墓葬里，陶器都占有绝对的多数。因其易碎且更新率高，陶器也是考古学家解读古代社会及其发展演变最主要的研究对象。

自 1936 年施昕更发现良渚遗址以来，尤其是 1959 年良渚文化获得命名之后，江浙沪地区的考古工作者发掘了大量的良渚文化遗址，极大地丰富了良渚文化的内涵。经过发掘的遗址已达百数，浙江地区主要有：余杭良渚古城、反山、瑶山、汇观山、庙前、文家山、卞家山、姜家山、钟家港、美人地、横山、茅山、玉架山、南湖，桐乡新地里、普安桥、姚家山，海宁荷叶地、达泽庙、小兜里、皇坟头，海盐龙潭港、周家浜，平湖庄桥坟，等。江苏地区主要有：吴县 ① 草鞋山，昆山赵陵山、少卿山，吴江龙南，武进寺墩，江阴高城墩，无锡邱承墩，等。上海地区主要有：青浦福泉山、闵行马桥、松江广富林、金山亭林，等。除了精美的玉器、较常见的石器、少量的漆木器、骨牙器，遗址中最主要的出土物就是陶器。

....

① 1995 年撤销吴县，现为苏州吴中区，下文仍称"吴县"。——编注

    在考古发掘中，遗址的地层及居址、灰坑、灰沟、水井等遗迹内出土的陶器大多为碎片，且大部分已成为生活垃圾的一部分。有些河岸边、水沟边集中丢弃陶器的地方，陶器的完好率和修复率相对较高。保存陶器最多的地方是墓葬，墓葬内往往保存着一些完整陶器，即便是破损的，修复的概率也很高。偶尔发现的窖藏内，也可能保存着一些完好的陶器。

一 墓葬

史前墓葬通常埋藏着成套的随葬陶器，如果墓葬不曾受过破坏，里面的器物大多保存良好。因为有葬具空间的支撑，部分陶器在淤满泥土后仍能保持着完整的直立状态，外观几乎没有变形。当然，由于棺木的朽塌、泥土的挤压，墓葬中有序摆放的陶器也会侧翻、挪位和破碎，不过这些陶器只要未被后世人为扰动，基本上可以修复还原。以卞家山墓地为例，已发现的66座墓葬，总计出土了229件陶器，其中修复后完整和可辨形态的陶器共208件。再如新地里墓地，140座墓葬中随葬了732件陶器，其中修复后完整的有601件，可辨形态的有57件。

平湖庄桥坟遗址是发现墓葬最多的良渚文化遗址之一，共清理良渚文化墓葬271座。整个墓地的规格并不是太高，但随葬的陶器数量众多，且保存良好，完整器多，修复率颇高。图1-1是庄桥坟遗址揭露的一组墓葬，墓坑有大有小，随葬品也有多有寡，包括陶器在内的随葬品保存状况明显较好，甚至人的骨架都还轮廓清晰。

图 1-1　庄桥坟墓葬一组

图 1-2　卞家山 M46

　　卞家山 M46（图 1-2）墓坑保存较好，坑长 2.3 米、宽 0.7～0.75 米、深 0.6 米。棺木已基本腐烂，局部仍可见木质纹理。人骨架已朽成骨渣，头部和部分肢骨依稀可辨。随葬品共 13 件，含陶器 7 件。其中，6 件陶器置于墓主脚部，分别为 1 件鼎、1 件豆、1 件罐、2 件盆和 1 枚纺轮，头骨旁边另有 1 件盆。出土时鼎、豆、罐已侧翻，但此墓内所有陶器的形态基本保持完整。

图 1-3   新地里 M72

  图 1-3 是新地里 M72，这是座残墓，人骨架和葬具已朽尽。保存下来的 11 件器物中，有 6 件为陶器，分别为鼎、圈足罐、双鼻壶、圈足盘、三足簋和纺轮。鼎和三足簋仍然直立，圈足罐和双鼻壶侧翻，圈足盘倒扣，纺轮的形态也基本完好。

图 1-4　小兜里 M29

小兜里 M29 是一座小墓（图 1-4），墓坑长仅 1.65 米、宽 0.45
米。墓主骨骸保存得不好，仅在南端的头骨尚存骨渣。随葬品只有 5
件陶器，均置于墓坑北半部，且多数在墓主脚端，形态基本完好。骨
骸膝盖部位是 1 件倒扣的盆，脚端除了略微侧倾的罐以外，隔档鼎、

图 1-5 小兜里 M25

双鼻壶和篮均保持直立的状态。小兜里 M25 人骨保存较好（图 1-5），虽然已疏松，骨架仍基本完整。陶器稍有破碎，头端有 1 件双鼻壶和 2 件盆，脚端有 1 组鼎、豆、罐、壶、盆。

图 1-6　小兜里 M6

　　小兜里 M6 是一座规格较高的墓葬（图 1-6），不仅墓坑大，随葬品也较多，并有镯、冠状梳背、长管等玉器出土。墓坑长 3.2 米、宽 1.5～1.65 米、深 0.6 米。随葬品共 47 件(组)，其中陶器 27 件(组)、石器 7 件、玉器 12 件（组）、牙器 1 组。经过发掘者仔细清理，判断墓内有独木凹弧底棺，外套方形椁，而随葬器物多数设于棺内，部分

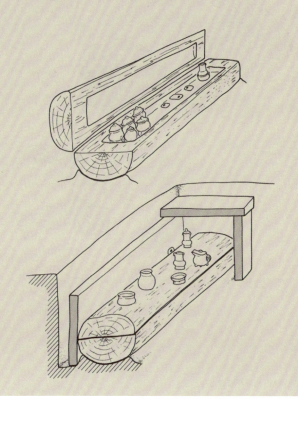

图 1-7　小兜里 M6 葬具及随葬品位置复原示意

置于棺顶。发掘者还绘制了葬具及随葬品位置复原示意图（图 1-7）。由于有两重葬具，葬具跨度也较大，随葬的陶器多数已被压碎。在规模和葬式相近的小兜里 M5，发掘者甚至还原了棺顶上鼎、豆、宽把杯等陶器滑落、破碎的过程。图 1-8 为宽把杯的破碎过程示意图。

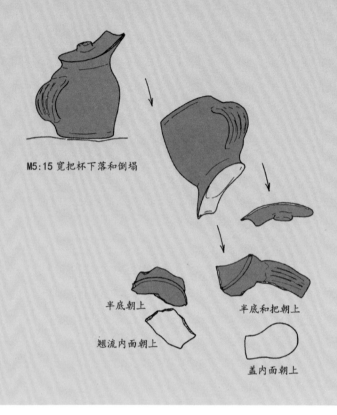

M5:15 宽把杯下落和倒塌

半底朝上

翘流内面朝上

半底和把朝上

盖内面朝上

图 1-8　小兜里 M5 宽把杯破碎过程示意

虽然有的陶器被严重挤压，破碎了，但经过技工师傅的精心拼接，大多能修复。比如卞家山 M58，脚端清理出 3 件陶器，均已破碎不堪，但经修复，基本形状又得到了恢复（图 1-9）。

图 1-9　卞家山 M58 及其陶器

二　生活遗迹

生活遗迹包括居址、河埠、水井、窖藏、灰坑等。除了专门的窖藏、水井内的掉入物、来不及带走且短时间内被堆覆的室内器物有可能保存完好，大部分都是残缺不全的陶器碎片。不过这些碎片的拼对率相对较高，有少量也能拼接成基本完整的陶器。

江苏龙南遗址 88F1 是一个面积约 20 平方米的长方形半地穴式居址，入口在西南部，门道右侧有一个窖穴（88H23），里面有鼎、罐、甗、盆、盘、器盖等残陶器。这是迄今所知室内状况保存最佳的良渚文化居址，从中可知室内的陶器有专门的收纳窖穴。房子西北部有一块长方形的蒲草席，长约 2.4 米、宽 1.55 米。席上有鼎、豆、盖、纺轮等陶器。房内东侧还有 1 个陶盆、4 个陶杯和一些残陶片。盆内尚存残羹，经化验，内含脂肪等物质。因为盆内有肉食，4 个杯子可能是用来喝酒或饮料的，也表明室内成员至少有 4 人。据此，你可以想象当时一个小家庭席地而坐围食的生活场景（图 1-10）。

图 1-11 是良渚古城北城墙东水门左岸的一处窖藏，"井"字形的木构框架痕迹尚存，里面有壶、罐等陶器，形态基本保持完好。

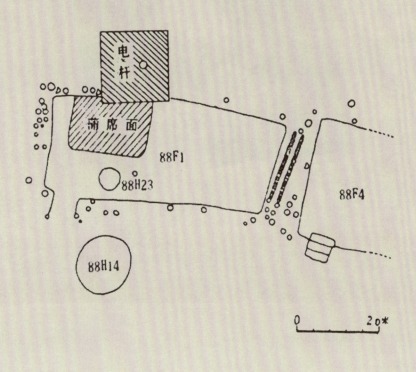

图 1-10　龙南 88F1

图 1-11 良渚古城北城墙井窖

　　图 1-12 是庙前第一、二次发掘时的一个方形窖藏〔编号 J1〕，边长 1.5～1.6 米，直壁下去 0.45 米收缩成边长 1 米左右的小方坑，小

图1-12　庙前 J1

方坑深 0.2 米即至底。底部发现 17 件陶器，其中 9 件完好，器形有
罐、尊、杯、壶、宽把杯等。

庙前遗址还发现两处带"井"字形框架的木构水井，其中一处出

图 1-13　庙前 H2 俯视

土了大量陶器，即第一、二次发掘时编号为 H2 的遗迹单位（图 1-13，
图 1-14）。此井先挖土坑，内设"井"字形榫卯套合的木构框架，土
坑和木构框架之间填满砂性浅黄土。木构框架内出土了 60 多件器
物，陶器数量最多，其中有 21 件陶器完整或基本完整，器形有罐、
尊、贯耳壶、双鼻壶、单把杯、实足盉、瓮、宽把杯、鼎、甗等（图
1-15）。

图 1-14　庙前 H2 "井" 字形木框架

平底罐（H2：22）　　平底罐（H2：36）　　罐（H2：42）

圈足罐（H2：59）　　弦纹壶（H2：49）　　弦纹壶（H2：34）

贯耳壶（H2：31）　　贯耳壶（H2：15）

簋形器（H2：1）　　簋形器（H2：51）　　豆（H2：6）　　杯（H2：20）

图 1-15　庙前 H2 器物

图 1-16　达泽庙陶片面

三　堆积土

　　良渚先民筑台建房的堆土或垫土中、河道内的填土或淤泥里、房屋周边的活动区域及道路上，往往掺杂有陶片。堆土中的陶片、活动区域及道路上的陶片，多半是陶器破损后被随手丢弃的，或者很早就已混入土中，然后又经过搅动、搬运、拍打、踩踏，大多十分碎小，拼对和修复的概率极低。图 1-16 是海宁达泽庙遗址发现的一处房屋居址边的陶片面，虽然陶片较密集，但较破碎，个体也较多，拼出完整器的概率较低。图 1-17 是小兜里遗址台Ⅰ夹层里面的陶片面，数量多，残碎情况严重（不排除有意打碎平铺），能拼对修复的概率也很低。

图 1-17　小兜里台Ⅰ陶片面

图1-18 灰坑（灰坑内堆积）

图 1-19　横圩里成堆的陶豆

　　遗址周边的坡地或河道里，往往有集中倾倒的生活垃圾，有机质早已腐烂，只剩下石块、烧土块、残碎的陶片和其他弃用的物品。这些陶片虽然跟其他生活垃圾搅和在一起，如果没有经过多次搬动，拼对和修复出部分陶器的可能性也较大。图 1-18 和图 1-19 是余杭横圩里遗址河沟边的废弃堆积，绝大多数是细把的陶豆，推测附近曾经有以生产陶豆为主的制陶作坊。

　　河道里或水岸边有淤泥的地方是极好的器物埋藏环境。首先，在潜水面以下的饱水环境里，器物不易氧化；其次，淤泥细腻柔和，器物不易损伤。因此淤泥中可能会保存有完好的陶器，甚至漆木器、竹编器等有机质文物也有可能被发现。图 1-20 是钟家港北区河道淤泥

图 1-20　钟家港北区完整陶器

图 1-21　钟家港北区破碎陶器

里发现的陶器，不但器形完整，表皮的黑色及光泽也保存完美。图
1-21 也是钟家港北区河道里发现的陶器，虽然较破碎，但胎体十分硬
实，皮色保存完好，大体都能修复。

Introversion and Resplendence:
Liangzhu pottery

内敛与华丽：良渚陶器

第二章　陶之类别

图 2-1（左） 庙前 M3 鼎
图 2-2（右） 达泽庙 M32 鼎

　　史前时期绝大多数陶器都是容器。良渚陶器也不例外，除了纺轮、网坠、支座、泥塑玩偶等专用陶器，绝大多数属于容器。从功能上说，大部分陶器是日常的实用器，少数是专为墓葬制作的冥器，还有一些属于礼器。

　　日常实用器的体量根据实际使用的需要大小有别，但制作普遍较为规整。冥器是指象征性的器物，个体小于实用器，用料较随便，制作也较粗糙。余杭吴家埠、庙前，海宁达泽庙等遗址的良渚文化早期墓中，曾发现少量迷你型鼎和鬶，它们不适合实际使用，当属冥器（图 2-1，图 2-2）。不过总体来看，良渚墓葬里大部分随葬的陶器应是实用器，有的可能人们生前使用过，有的则未使用过，直接埋入地下。图 2-3 和图 2-4 是卞家山 M21 内出土的鼎和罐，器身有明显的使用痕迹。礼器是指用于礼仪场所的器物，制作考究，装饰精美，高级贵族的墓中也可能会有随葬品。江苏吴县草鞋山 M198 出土了 1 组黑皮陶器，其中，鼎和 2 个双鼻壶，制作精良，器表刻绘了繁缛的精美纹饰，连鼎盖都刻满了花纹，应是礼器无疑（图 2-5 到图 2-7）。

图 2-3（上）　卞家山 M21 鼎
图 2-4（下）　卞家山 M21 罐

图 2-5 草鞋山 M198 鼎

图 2-6 草鞋山 M198 双鼻壶

图 2-7 草鞋山 M198 双鼻壶

良渚陶器的种类有鼎、豆、平底罐、圈足罐、尊、双鼻壶、圈足盘、三足盘、盆、钵、簋、壶、贯耳壶、杯、宽把杯、匜、三足盉、袋足鬶、甗、过滤器、瓮、圜底缸、大口尊等 20 多种。这并不是说各地都有这些器类，也不是说同一时期这些器类都存在。良渚文化的存续时间约为距今 5300 年至距今 4300 年，其主体分布范围横跨现代行政版图中的浙北、苏南、沪西地区，环绕太湖分布，占地约 3.65 万平方公里。这么长的延续时间，这么广袤的区域，文化当然不可能完全同步发展。常言道"十里不同风，百里不同俗"，各地的生活方式、生活习俗及日用器物，多多少少会有些差异。根据现有的考古资料，至少可以将良渚文化分布区划分为四大区块：太湖以南的杭州地区、太湖东南的嘉兴地区、太湖以东的苏州—沪西地区、太湖以北的无锡—常州地区。上述地区中，有的陶器种类可能局限于某一地区，有的陶器种类只是在某一时段出现，有的陶器种类可能在某一地区特别流行，但总体而言还是大同小异。

按照用途划分，这些陶器大体可以归纳为炊煮器、盛食器、水酒器、存储器四大类。其中鼎、甗、三足盉、袋足鬶这类三足的器形，均属于将食物变熟或烧热的炊煮器；豆、盆、圈足盘、三足盘、簋、钵等属于盛食器，相当于现今餐桌上的碗、碟；双鼻壶、壶、杯、宽把杯、匜、过滤器等属于水酒器，用于喝水、饮酒或滤酒；个体较大的罐、尊、瓮、壶、圈足盘等属于存储器，用来存放干粮、干果及酒水等。

　　除此之外，还有一些陶器无法归入以上类别，例如夹砂缸、大口尊。一些学者认为，胎体厚实的夹砂缸，很可能是舂米的容器（图2-8）。而直敞口、小圈足的大口尊，外壁有的还有刻画装饰或蓝纹，多以夹砂陶制作，用途较难确定（图2-9，图2-10）。

图 2-8　福泉山 T3 ④夹砂缸

图 2-9　龙潭港 M28 大口尊

图 2-10　卞家山 G1 大口尊

一　炊煮器

所谓炊煮器，就是用火烧煮食物的容器，最早出现的是釜。良渚时期的炊煮器都是三足器，因为要经受烈火的烧灼，器身特别是三足都要用夹砂、夹蚌、夹炭等陶土制作，原因是掺有沙粒、蚌屑、谷壳等材料的陶器，具有较好的耐火防裂效果。

炊煮器中最为常见、用途最广的是鼎，日常的煮饭、煲汤等都要用到它。鼎的器身有釜形、罐形、盆形之分——圜底为釜，其余底部近平，其中，侈口深腹的为罐，直口折沿浅腹的为盆；罐形器身中，有的带高领，盆形器身中，有的呈子母口。鼎的体量也有很大差异，常规的鼎直径都在 10~20 厘米，适合一个小家庭使用；部分鼎直径超过 20 厘米，甚至超过 30 厘米，个别的直径能超过 40 厘米，它们应是大家庭，或大量人口公共活动时使用。不同造型的鼎应该具有不同的烧煮用途，比如大口浅腹的盆形鼎，内壁附着物曾检测到较多的动物脂肪酸，可能用于煮肉，大口浅腹的形态也便于搅拌。鼎足的形态更是多样，主要有鱼鳍形足、截面 T 形足、圆锥足、凹弧足、侧扁足、扁方足等，不同形态的鼎足安装在不同形态的器身上，更使陶鼎的用途多样化（图 2-11 到图 2-14）。

图 2-11（上左）　南湖鱼鳍形足鼎

图 2-12（上右）　美人地 T 形足鼎

图 2-13（下左）　卞家山 G1 圆锥足高领鼎

图 2-14（下右）　卞家山 G2 凹弧足子母口鼎

　　甗有两种，一种是鼎式甗，即隔档鼎，鼎内腹有一圈承放箅子的隔档，隔档下沿往往有一个注水孔，便于水蒸气缺失时加水，而食物就放置在箅子上（图 2-15，图 2-16）。据取样分析，隔档鼎的隔档之上，内壁留有动物和植物脂肪酸，推测其用于蒸菜。另一种是鼎和甑的组合，鼎口搁甑，通过鼎内的沸水将甑内的食物蒸熟（图 2-17，图 2-18）。

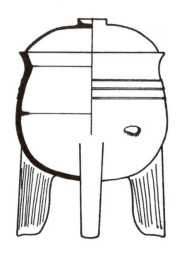

图 2-15（左） 福泉山 M136 隔档鼎
图 2-16（右） 福泉山 M136 隔档鼎线图

图 2-17（上） 姚家山甗

图 2-18（下） 高城墩甗

　　三足盉与袋足鬶造型较为相似，区别在于前者为实心足，后者为空心足；前者为管状流，后者为束颈流。因为有流口，足部往往附着烟炱，似乎都可用来为酒、水、饮料等液体加温。尤其是袋足鬶，液体在三个袋足中，袋足的外壁直接受火或用炭火，烧煮或温热液体的容量大、热效高（图 2-19 到图 2-22）。

图 2-19（左）　莫角山西坡三足盉
图 2-20（右）　卞家山 G2 三足盉

图 2-21（左）　新地里 H1 袋足鬶

图 2-22（右）　亭林 M1 袋足鬶

二　盛食器

　　盛食器说白了就是餐具，豆、盆、圈足盘、簋等各有差异，每一种又有很多样式。

　　豆是最常见的盛食器，高挑的豆把承托浅腹的器身，食物搁置其中，取用十分方便。大致来说，豆有粗矮把和细高把之分，豆盘也有折腹和弧腹之分（图 2-23 到图 2-25）。盆有直敞口和侈口两类，有深腹和浅腹之分（图 2-26 到图 2-29）。圈足盘和三足盘的腹部都较浅，个体相对较大，可理解为矮版的豆。圈足盘的器身多饰弦纹，三足盘的三足皆为瓦形足，足面多有纵横刻槽（图 2-30 到图 2-34）。簋多呈子母口，大多口部有三个鼻饰，也有深腹和浅腹之分，通常带盖（图 2-35 到图 2-37）。

图 2-23（上）卞家山 G2 豆
图 2-24（中）戴墓墩 M2 豆
图 2-25（下）龙潭港 M23 豆

图 2-26（上左） 卞家山 M33 盆
图 2-27（上右） 卞家山 M36 盆
图 2-28（下左） 卞家山 M47 盆
图 2-29（下右） 戴墓墩 M1 盆

图 2-30（上）　卞家山台Ⅰ圈足盘

图 2-31（下）　庙前 H4 圈足盘

图 2-32（上）　茅庵里 T4 三足盘
图 2-33（中）　新地里 M76 三足盘
图 2-34（下）　龙潭港 M28 三足盘

图 2-35（左）　庄桥坟 M75 簋
图 2-36（中）　新地里 M52 簋
图 2-37（右）　新地里 M73 簋

　　从造型来看，这些器物应该具有相对固定的用途，有的用来装副食，有的用来盛主食。按常理推断，腹部较浅的器物，如高耸的豆、略高的圈足盘和三足盘，可能用来盛放干货以及蔬果，腹部较深的器物，如盆、簋，则可能用来盛装带汤水的食物，尤其是呈子母口的簋，基本都有盖，说明这类器物具有保温和汤水不易洒出的特性。

三 水酒器

将双鼻壶、壶、杯、宽把杯、匜、过滤器等笼统称作水酒器，是因为我们还无法断定它们是专门的水器还是专门的酒具，或者两者可通用。从形态和体量上看，双鼻壶、杯可以用来喝水，也可以用来喝酒。其中双鼻壶的造型比较统一，由器身、圈足和带鼻的颈部构成，只不过各部分的比例不同而已，绝大部分颈部长于圈足（图2-38，图2-39）。

在良渚文化中，双鼻壶是一种特定的器物。一些个体较大的壶也有长颈并带双鼻，但它们与双鼻壶是两类器物（图2-40）。贯耳壶是良渚文化的另一种标志性器物，平底或圈足，垂鼓腹，肩部有一对纵向的竖耳，束颈处都有一圈凸棱（图2-41）。葫芦形壶较为少见，完整器不多，庙前遗址发现过一件完整器（图2-42）。

杯的造型可谓千姿百态：有平底的，有圈足的；有粗矮的，有瘦高的；有敛口的，有侈口的；有直腹的，有鼓腹的；有带把的，有无把的；还有带双鼻或盖子的，不一而足；个体大小也有一定差异（图2-43到图2-50）。

图 2-38（左）　新地里 M54 双鼻壶
图 2-39（右）　卞家山 G1 双鼻壶

　　宽把杯也是一种特定的器物，器身有粗矮和细高两种，或敦厚矮壮，或高挑瘦长，或素面，或呈竹节状，有的还刻满花纹（图 2-51 到图 2-53）。匜有夹砂陶胎质，也有泥质陶胎质；夹砂陶匜往往有烟炱等用火痕迹，因为是平底或小三足，可能直接置于炭火上加温（图 2-54）。匜的把大多较宽，有的跟宽把杯的把完全相同（图 2-55），吴家场 M207 甚至出土了有对称双宽把的匜，极为特殊。有意思的是，匜和宽把杯都带流，且流口和把手在同一直线上，不适合自饮，应该都是分饮器。

图 2-40（上） 新地里 M2 壶

图 2-41（下左） 雀幕桥贯耳壶

图 2-42（下右） 庙前 M6 葫芦形腹壶

图 2-43（上左）　卞家山 M36 杯

图 2-44（上右）　庙前 G3 杯

图 2-45（下左）　庙前 G3 圈足杯

图 2-46（下右）　卞家山 G1 多棱杯

图 2-47（左） 龙潭港 M13 觚形杯
图 2-48（右） 庙前 G1 双鼻杯

图 2-51　新地里 M117 宽把杯

图 2-49（左）　庙前 T2 把杯

图 2-50（右）　卞家山 G1 杯

图 2-52　新地里 M52 宽把杯　　　　　　　　图 2-53　雀幕桥宽把杯

图 2-54　卞家山 G2 匜

图 2-55　福泉山陶匜一组

　　两种分饮器的存在，很可能意味着它们有不同的使用对象。巧合的是，三足盉与袋足鬶也是两种烧煮液体的器物，它们也可能有不同的使用对象。对此，我们很自然会联想到具有仪式性的茶席和酒席。在良渚文化的诸多陶器中，三足盉、匜、杯可以构成一套完整的茶具，三足盉用来煮开水或茶水，匜用来分茶，杯子用来喝茶。袋足鬶、宽把杯、双鼻壶可以构成一套酒具，袋足鬶用来温酒，宽把杯用来分酒，双鼻壶则用来饮酒。其中装饰华丽的袋足鬶、刻满花纹的宽把杯和双鼻壶，可能用于重要的纪念活动或祭祀场合。事实上，由于双鼻壶和宽把杯形制较为统一，而且大多带盖（原本应该都配盖），它们专用于酒品的概率很大，因为合上盖子可以保温，也可以抑制酒精挥发。不过，两者的体量十分接近，宽把杯是否用于分酒还有疑问，不能排除它也用于自饮。

　　过滤器的造型非常奇特，主体为一个陶钵，侧边带一个较高的漏钵（图 2-56，图 2-57）。吴家埠遗址 H3 出土的一件过滤器底钵内，还有一道隔板。专家们推测这是用来滤酒的器具，带酒糟的米酒或果酒经过漏钵过滤，就可以获得较纯净的酒。如果再经过底钵内的隔板过滤，可获得更加清纯的酒（图 2-58，图 2-59）。

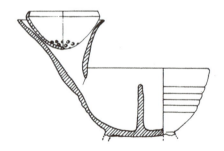

图 2-56（上左） 庙前 M30 过滤器

图 2-57（上右） 吴家埠 M19 过滤器

图 2-58（下左） 吴家埠 H3 过滤器

图 2-59（下右） 吴家埠 H3 过滤器线图

四　存储器

　　数量最多、个体差异较大的陶罐，应该是最主要的存储器，无论干的或液态的食物都可存放。罐分平底罐和圈足罐，胎质以泥质陶为主，也有少量为夹砂陶，有的罐还带耳錾（图 2-60 到图 2-68）。大罐的口部可用木板之类的东西遮盖，防止食物受潮霉变。良渚文化晚期有一类口部带戳点纹的卷沿泥质红陶罐，风格统一，个体普遍较大，最大的高达 70 多厘米，似有专门的用途（图 2-69）。

图 2-60　卞家山 M1 夹砂陶罐

图 2-61（上左）　卞家山 M2 罐

图 2-62（上右）　庄桥坟 M233 罐

图 2-63（下左）　庄桥坟 M97 罐

图 2-64（下右）　卞家山 G1 双耳罐

图 2-65（上左）　卞家山 G1 罐

图 2-66（上右）　新地里 G1 大罐

图 2-67（下左）　广富林 J10 大罐

图 2-68（下右）　横圩里大罐

图 2-69　卞家山橙红陶罐一组

　　大型的尊、瓮等可以储存水或酒。尊由圈足罐发展而来，因为有高圈足，容量相对有限（图 2-70，图 2-71）；瓮则容量极大。江苏高城墩遗址一个红烧土台面上发现过很多陶片，经修复是一个大陶瓮，大口小平底，直腹下略收，器高达 78 厘米，可能是目前所见体量最大的良渚器物（图 2-72）。此外，大型的盆、圈足盘等，因为口大，从中盛放和取用物品都很方便（图 2-73，图 2-74）。

图 2-70（左）　新地里 M20 尊
图 2-71（右）　周家浜 M17 尊

图 2-72　高城墩大瓮

图 2-73（左）　卞家山 G1 圈足盘
图 2-74（右）　卞家山 T4 圈足盘

Introversion and Resplendence:
Liangzhu pottery

内敛与华丽：良渚陶器

第三章　陶之匠心

陶器制作首先要满足实用功能，其次要追求美观。尽管迄今尚未发现良渚文化时期的制坯作坊和窑址，但从已出土的良渚陶器的规整程度及造型艺术来看，良渚文化时期的制陶技术已完全成熟，轮制技术普遍使用，产业规模十分可观。

从源流上看，浙江境内已知最早的陶制品出自距今逾万年的上山文化，此后制陶工艺绵延不断且越来越成熟。上山文化的红衣大口盆、跨湖桥文化的交叉绳纹卵腹釜、河姆渡文化的夹炭陶刻花敛口釜、马家浜文化的多角腰檐釜、崧泽文化的阶梯状镂空把豆，都是各自经典的代表性器物。有这样精良的陶器制作传统为基础，良渚文化时期的制陶技术达到新高度不足为奇，尤其是轮制技术的广泛应用，使陶器生产具备了规模化、商品化的条件。

所谓轮制技术，就是以带轴的转盘为工作台面，将练好的陶泥置于其上进行拉坯塑形，从而制成匀称而规整的陶器。相较于泥片贴塑、泥条盘筑等原始手工技法，借助转盘的陶器制作速度要快很多，因此，轮制技术大大提高了陶器的生产效率，尤其对于罐、豆、盘等圆形器的制作十分便捷。不过，除了平底的罐、壶、盆，以及无把的杯可以直接在转盘上通过轮制技术生产出来，大部分器物还需要人工进行拼接和组装。例如豆、圈足罐和圈足盘，豆把和圈足还需要二次

图 3-1　庄桥坟 M100 成批双鼻壶

粘接。一些器物的附件诸如鼎足、杯把、盖钮等需要手工制作，然后再安装到器身上。一些复杂的、造型不规则的器物，会采用纯手工制作，比如袋足鬶、兽形三足盉等，这些器物显示了工匠们很强的个性化审美追求。还有一些墓葬里的冥器，几乎就是实用器的微缩模型，制作要求不高，工艺相对简单。而那些器形特别规整、修饰特别精美的器物，往往具有礼仪功能。总之，良渚陶工对待陶器制作存在不同的态度和方法，不同的产品甚至可能有不同的作坊和窑炉。嘉兴地区有的良渚墓葬里能随葬 10 多件双鼻壶，造型酷似，体量相当，应该有专门的作坊和窑炉来生产这些产品（图 3-1）。

图 3-2（左） 余杭北湖椭圆形豆
图 3-3（右） 钟家港椭圆形盘

圆形容器始终是中国陶瓷器的主旋律，但在良渚文化里，椭圆形器也时不时会冒出几件，诸如椭圆形盘、椭圆形豆、椭圆形簋等，多见于良渚文化晚期（图 3-2，图 3-3）。方形器虽然罕见，却也存在，比如卞家山出土的一件陶簋，圆中带方，圈足是圆的，器口却是方的（图 3-4）。而新地里地层里出土的一件圈足盘，器身是圆的，圈足却是方的（图 3-5）。这种方形其实是在制坯时将圆形的口部或圈足压成近方形即可，并没有多大的技术含量。真正的方形器是卞家山遗址出土的四足方形盘，四边和底面及四足分别制作，然后黏合在一起，加上体量巨大，平整的底面还不能变形，制坯和炉烧的难度可想而知（图 3-6）。瓷器界有句行话，叫"一方顶十圆"，意思是一个方形器物可抵 10 个圆形器物，足见方形器物制作有多难。

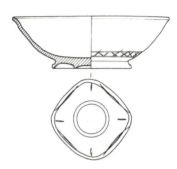

图 3-4（左）　卞家山 G2 方口簋

图 3-5（右）　新地里 T303 方圈足盘线图

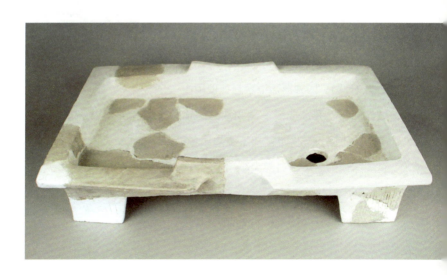

图 3-6　卞家山 T4 四足方形盘

一　器盖

　　考古发掘中出土的器盖似乎并不
多，但从新地里、小兜里、庄桥坟等遗
址的墓葬中观察，带盖器物的比例其实
并不低。大多数种类的器物都有带盖的
标本，所用的材质以泥质陶为主，少量
为夹砂陶。其中配盖率最高的是双鼻
壶、宽把杯和簋，其次为鼎，圈足盘、
壶、杯、豆等也有配盖的情况（图 3-7
到图 3-15）。因为器盖很容易在使用中
破碎，所以会造成很多器物缺盖的情
况，从而让人产生带盖器不多的印象。
有些器物的盖子跟口部大小相差悬殊，
甚至材质和颜色也差别很大，明显可以
看出是后配的，所以墓葬内的陶器，有
可能会出现张冠李戴的现象（图 3-16，
图 3-17）。

图 3-7　周家浜带盖双鼻壶

图 3-8（上左）　戴墓墩带盖刻纹宽把杯

图 3-9（上右）　金石墩带盖簋

图 3-10（下左）　金石墩带盖隔档鼎

图 3-11（下右）　新地里 M66 带盖三足盘

图 3-12（上左） 仙坛庙带盖豆

图 3-13（上右） 戴墓墩带盖单鼻杯

图 3-14（下左） 良渚古城带盖杯

图 3-15（下右） 庄桥坟带盖三足盉

图 3-16（左）　福泉山 M101 带盖罐
图 3-17（右）　庄桥坟 M60 带盖豆

　　带盖器物具有保温、防尘等功能，一方面体现其特定的功能，另一方面也是使用者生活品质较高的表现。出人意料的是，福泉山 M74出土的一件陶器配有镂孔的器盖。从器身来看，此器像一个粗矮的杯子，直口略内收，外饰 5 条凸弦纹；再看器盖，6 组圆孔，每组 3 个圆孔，共 18 个圆孔，似乎是一个熏炉（图 3-18）。很难想到，良渚时期人们可能已有熏香的习俗。但仔细推敲，在宗教氛围浓郁、礼仪秩序规范的良渚社会，出现熏香习俗并不唐突。由此及彼，仪式性的茶席和酒席，也可能确实存在。

图 3-18　福泉山 M74 熏炉

　　器盖的造型对应不同的器类有一定规律。鼎、甗类器物的盖子以倒碟形盖身加桥拱形钮为主，且多以夹砂陶制作（图 3-19）。簋、盆等盛食器以倒碟形盖身加喇叭形钮或圈足形钮居多（图 3-20，图 3-21）。双鼻壶的盖身多为圆饼形或斗笠形，盖钮多为喇叭形，少数为圆柱形、圈足形（图 3-22 到图 3-24）。个别双鼻壶器盖在盖钮底心将器盖穿透，形成一个孔洞，莫非是为了插吸管便于吮吸米酒或饮料（图 3-25）？宽把杯的盖多为椭圆形，有的完全依照口部的样子随形制作，翘流部分也分为两角跟着上翘（图 3-26，图 3-27）。

图 3-19　卞家山 G2 器盖

图 3-20　卞家山 G2 器盖

图 3-21　卞家山 G1 器盖

图 3-22　卞家山 G2 器盖

图 3-23（上左） 卞家山 T3 斗笠形器盖

图 3-24（下左） 卞家山 G2 柱状钮器盖

图 3-25（右） 达泽庙 M4 透孔器盖

图 3-26（上）　卞家山 T4 宽把杯器盖

图 3-27（下）　福泉山 M40 宽把杯器盖

图 3-28（左） 庙前 G3 双鼻壶
图 3-29（右） 花城 H6 双鼻罐形壶

二　鼻耳与把手

　　良渚陶器中某些容器的口部设有鼻饰，有的成对，有的是大致呈等边三角形的三个，有的为基本等分的四个，孔的朝向也有纵向、横向和斜向之别。二鼻多见于双鼻壶，三鼻的有簋、豆，四鼻或四个槽口的有盆、簋等（图 3-28 到图 3-33）。大多数鼻饰都较小巧，穿孔也细，相较于器身，这些鼻饰似乎无法承受装满食物或饮品后的重量，穿绳提拎的话，鼻钮极容易碎裂。很可能器物口沿的小鼻大多属

图 3-30（左）　新地里 M124 三鼻簋

图 3-31（右）　庙前 T302 四鼻簋

于装饰性的，并无实际用途。对那些配有器盖的器物，或可将某个鼻饰用细绳连接器盖防止其丢失。海宁达泽庙遗址曾发现一件双鼻壶，其中一只鼻钮已脱落（印痕尚在），可良渚工匠在印痕处又钻了个孔，使其和另一只完好的鼻钮再次形成对孔（图 3-34，图 3-35）。这似乎表明双鼻确实要派上用场，但仔细观察，并未发现有穿绳使用的痕迹。而如果只是连接器盖，有一只鼻钮也够了。莫非先民们已形成惯性思维，双鼻壶一定要追求对称和谐，哪怕破损也要以某种形式恢复其心理上的平衡？

图 3-32（上） 小兜里 M5 四鼻椭圆形盘（俯视，正视）

图 3-33（下） 卞家山 M1 四槽口盆

图 3-34（上左）　达泽庙补穿孔双鼻壶

图 3-35（上右）　达泽庙补穿孔双鼻壶（局部）

图 3-36（下）　澄湖 J127 贯耳壶

图 3-37（左） 广富林 M13 双耳矮足鼎
图 3-38（右） 卞家山 M32 双耳矮足鼎

　　真正实用的是大个鼻饰，有的手指能够伸进，可称"环耳"。它们通常置于器物的口部、肩部或腹部，成对出现。比如贯耳壶的双耳较粗大，且纵向穿孔，可以承受系绳后提拎（图 3-36）。多数呈环耳形态，如广富林 M13 和卞家山 M32 两件鼎的口部饰两个环耳（图 3-37，图 3-38），而福泉山 M144 鼎的口部饰四个环耳（图 3-39）。此类鼎的三足较短，受火面不大，有移动需求，可能用于炭火中热菜。广富林 M141 还发现一件更独特的鼎，口部做了一个提梁，鼎足虽残，看得出也很短，该器很可能是一个取暖用的炭炉（图 3-40）。此外，卞家山还出土了一件既带环耳（也可称环把）又带流的鼎，不知是用来煮茶的还是煎药的（图 3-41）。

图 3-39（上）　福泉山 M144 带盖四耳矮足鼎

图 3-40（下左）　广富林 M141 提梁鼎

图 3-41（下右）　卞家山 G1 附环耳带流鼎

　　带单耳的器具也有一些，如福泉山 M65 和卞家山 M46 各有一件扁矮的陶簋，腹部都安装了一个环耳，但孔向不同，M65 为横孔，M46 为竖孔（图 3-42，图 3-43）。类似的器具在仙坛庙遗址也有发现（图 3-44）。单个的环耳似乎难以提起装满食物的容器，它们到底是派什么用场呢——莫非是用来将器具挂在墙上？

图 3-42（上）　福泉山 M65 单耳簋

图 3-43（下左）　卞家山 M46 单耳簋

图 3-44（下右）　仙坛庙单耳簋

把手常见于陶杯。普通的杯子有多种把手样式，或环形，或折弧形。海盐六里遗址出土过一件鸟首形把的杯，殊为怪异（图 3-45）。个别陶杯装配直銴，具有倒水或倒酒的功能，不一定用来自饮（图 3-46）。福泉山 M39 还出了件带直銴的三足匜，也很奇特（图 3-47）。新地里遗址甚至发现了带銴的鼎，其用途更让人难以捉摸（图 3-48）。

图 3-45（上）　六里鸟首把陶杯

图 3-46（下）　福泉山 M74 带銴杯两件

图 3-47（上） 福泉山 M39 带鋬三足匜

图 3-48（下） 新地里 M52 带鋬鼎

图 3-49（左）　新地里 T302 贴泥条宽把
图 3-50（右）　卞家山 G1 编织纹宽把

　　宽把器物的把手造型较为规范，一般是在宽带状的泥片上贴塑竖向的细泥条（图 3-49），或者用细泥条做成编织纹（图 3-50），其中龙潭港一件陶盉的宽把上，采用了细泥条和编织纹复合的装饰（图 3-51）。另外，三足盉的环把中，有的也用细泥条贴成绞丝的形状（图 3-52）。

图 3-51（上） 龙潭港 M28 绞索形宽把

图 3-52（下） 卞家山 G2 绞索纹器把

三　动物元素

　　良渚陶器的形态并不总是对称、均衡和程式化的，也有动感的造型、夸张的体态。有些另类的陶器，明显汲取了动物造型的某些元素，体现了良渚工匠的创意和智慧。有的是取动物的神态，有的为局部采用动物的某些特征，有的则直接做成了动物造型。这也从侧面反映出，良渚文化时期的动物资源十分丰富，人与动物存在很多交集。

　　三足盉就是神态像动物的一类器物，虽然只有三条腿，但其流口高高翘起，两足在前，后面一足形如并拢的后腿，环形把手恰似上卷的尾巴，整体的形态就像一只昂首嘶鸣的动物（图 3-53）。新地里 G1 这件三足盉器形较扁，外缘有一圈突棱状的边饰，颇似龟甲侧边，整体像一只引颈上翘的乌龟（图 3-54）。而福泉山 M101 这件三足盉，器身扁圆也有突棱，但整器直立，仿佛一只直立的乌龟，也像一只企鹅（图 3-55）。

图 3-53（上左） 吴家场 M207 三足盉

图 3-54（上右） 新地里 G1 龟形三足盉

图 3-55（下） 福泉山 M101 龟形三足盉

宽把杯都有翘流，流的尖部
与随形的器盖上沿就像微张的鸟
嘴，有一种嗷嗷待哺的神态（图
3-56）。

袋足鬶的三个足虽然被称为
"袋足"，其实那三个肥硕的袋足
就是仿照下垂的动物乳房制作
的，饱满而有张力，给人的感觉
好似鼓胀得乳汁就要流淌出来，
因此，这是一种富有生命气息的
器物（图3-57）。

图3-56（上）　卞家山 M62 宽把杯
图3-57（下）　新地里 H1 袋足鬶

　　卞家山的这件猫头鹰脸器盖，圆睁的双眼和弯尖的鹰鼻搭配得惟妙惟肖，且鹰鼻正好是器盖的捉手。盖在器具上，鹰脸朝上，十分可爱（图3-58）。

图 3-58　卞家山 G2 猫头鹰脸器盖

　　文家山有一件兽钮器盖，盖钮捏塑成一只两角的动物，似鹿非鹿，似羊非羊，虽然看不出具体是何动物，四足也没有表现出来，但明显就是一只站立的哺乳动物（图3-59）。类似的器盖在南河浜遗址也有发现（图3-60）。上海金山亭林遗址出土的一件三乳足陶盉，环把改成了兽形把，神态与文家山的兽钮极为相似（图3-61）。卞家山遗址出土的大象、蜥蜴等微缩动物泥塑，跟盖钮上的动物塑像如出一辙，将动物形象独立捏塑，或许就成了儿童玩具（图3-62，图3-63）。

图 3-59（上）　文家山 T0202 兽钮器盖（正面，背面）

图 3-60（下左）　南河浜 M84 兽钮盖杯

图 3-61（下右）　亭林 M21 兽形把三足盉

图 3-62（上）　卞家山 G1 蜥蜴泥塑

图 3-63（下）　卞家山 G1 大象泥塑

图 3-64　卞家山 T4 猪首陶片

　　卞家山还出土了猪脸形、狐狸脸形的黑陶残片，类似的猪脸形陶片在庙前遗址也有发现，而且立体感更强（图 3-64 到图 3-66）。从陶片的弧度来看，它们应是某种容器的腹片。猪脸形的完整器物在江苏龙虬庄遗址发现较多，而且一定程度上是随葬组合的固定器物（图 3-67）。受良渚文化影响的花厅遗址北区也发现有这样的容器，圆圆的器身，前有突嘴的猪脸，后有上翘的短尾，底下为四个乳钉状小矮足，酷似一头小猪（图 3-68）。器物的口部有大有小，在顶部即猪背上呈一个圆柱形的流口，整器状如储钱罐。此种可爱的纯动物造型器物，很可能是儿童用具，是为了迎合孩子们的天性而制作的。

图 3-65（左） 卞家山 T4 狐狸面陶片

图 3-66（右） 庙前 T302 猪首陶片

图 3-67（左） 龙虬庄 M157 猪形罐

图 3-68（右） 花厅 M21 猪形罐

图 3-69　卞家山 G1 子母口罐

四　异形器

存储器中还有一些特殊的器形，例如子母口罐、子母口缸。因为口部呈双重的子母形，子口和母口之间的凹槽可以积水，盖子扣上之后即可达到密闭的效果，酷似现今的泡菜罐，或许它们当时就是用来腌菜或泡菜的（图 3-69 到图 3-71）。有的子母口器个体硕大，如卞家山遗址所见的两个口部残件，直口连直腹，直径分别达 42 厘米和 59 厘米（深度不详），具有惊人的容量（图 3-72，图 3-73）。

图 3-70（上左） 卞家山 G1 子母口大罐

图 3-71（上右） 卞家山 G2 子母口缸

图 3-72（下左） 卞家山 G2 子母口缸

图 3-73（下右） 卞家山 G1 子母口缸

　　前面述及的卞家山遗址出土的四足方形盘，以夹砂灰褐陶制作，长、宽、高分别为 62 厘米、49.2 厘米、13.6 厘米，宽折沿，两条长边的中间折沿间断并向上梯形隆起，大平底靠边有一圆孔。这件陶器的用途很难猜测，有四足可以受火，也可以作炭盆，却不见有火烧和渗碳的痕迹；长方形浅盘加一圆孔，又似水槽；而作水槽，长边的中间又不需要隆起，实在让人匪夷所思（图 3-6）。

　　卞家山遗址 G1 还出土了两件簸箕形插勺。一件为泥质红褐胎黑皮陶，平面呈扁圆形，器身如浅盆，流口较斜直，与流口相对的一侧有环形宽把，长 23.5 厘米、宽 21 厘米、高 6 厘米（图 3-74）。另一件为夹砂灰褐黑皮陶，平面成"凤"字形，沿面外翻，流口斜腹外张，相对的一侧设环形宽把，长 24 厘米、宽 18 厘米、高 5.5 厘米（图 3-75）。这两件陶器应是插取粮食的工具，类似的直柄木插勺在卞家山遗址也有发现，样子跟现代木质插勺如出一辙。

图 3-74（上） 卞家山 G1 簸箕形插勺

图 3-75（下） 卞家山 G1 簸箕形插勺

图 3-76　广富林 M3 三联匜

　　有少量连体器和分体器也充满了想象力。这类器物多见于太湖东部地区，如上海松江广富林 M3 出土的三联匜：三个带流的匜联结成一体，腹内壁有三孔连通，使用起来并不方便，更像是一件艺术品（图 3-76）。不过这一地区在崧泽文化时期就有三联器出现，似乎有这样的传统。福泉山 M74 这件陶簋有三层，制作难度更大：主体是一个三鼻簋，中间有一个直口带三鼻的盖托，最上面是三棱形钮的器盖（图 3-77，图 3-78）。圆柱形的盖托其实也是个独立的小容器，将三者严丝合缝地制作出来并非易事，其用途可能是分格的盛器。相同的器物在余杭南湖也有出土，只不过缺了最上部的盖子（图 3-79，图3-80）。

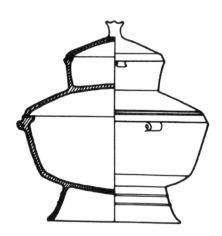

图 3-77（上） 福泉山 M74 复合簋

图 3-78（下） 福泉山 M74 复合簋线图

图 3-79（上） 南湖复合簋

图 3-80（下） 南湖复合簋

Introversion and Resplendence:
Liangzhu pottery

内敛与华丽：良渚陶器

第四章　陶之色泽

　　一种古代文化中的陶器通常有其色彩主旋律，良渚陶器的色彩主旋律是黑色。良渚遗址最早发现时，人们曾把它作为山东龙山文化的一个分支，山东龙山文化就是以黑陶而著称的。1938 年，施昕更撰写的《良渚（杭县第二区黑陶文化遗址初步报告）》正式发表，首次为我们展示了良渚黑陶的真容。20 世纪 50 年代，考古工作者在良渚的长坟、棋盘坟遗址也发现过一批保存较好的黑陶，器形有双鼻壶、豆、簋、盘等。"文化大革命"之后，良渚文化的考古发掘和研究开始步入正轨，江浙沪等地发现了大量的良渚文化遗址，大批出土的良渚陶器证明，黑陶确实是良渚文化的主流器物，并且有自己鲜明的个性。

　　纵观陶器发展史，陶器的呈色跟窑炉和烧制技术的发展态势有内在关联。早期的陶器采用露天窑烧制，氧化气氛下生产的陶器均呈红色。距今 1 万年前后的河北徐水南庄头、江苏溧水神仙洞、浙江浦江上山等遗址出土的中国最早的陶器主要是红陶。之后的裴李岗文化、仰韶文化、马家浜文化等仍以红陶为主。距今 6000 年左右，窑炉的密闭性越来越好，窑工们的温控技术逐步提高，还原气氛下生产的灰陶乃至黑陶逐渐成为主流。良渚文化及龙山文化的黑陶，就是在这样的时代背景下出现的。

　　当然，黑陶盛行的时代也还有红陶，不过这时人们可以根据需要，选择生产黑陶或红陶。良渚文化也不是没有红陶，炊器中最常见的鼎和甗，还有夹砂缸、袋足鬶等，大多是红陶或红衣陶。即便在黑陶技术达到高潮的良渚文化晚期，还有一种戳点纹装饰的卷沿红陶罐异军突起。红陶的存在不啻是一种视觉上的调和，也可能存在观念上的心理寄托。

　　事实上，因为要经过练泥、制坯、抛光、入窑烧制等环节，陶器的呈色过程比较复杂，甚至存在着很多不确定性，诸如颜色偏差、色泽不均匀等问题。陶器出炉后所见的颜色和光泽，算是基本稳定的陶器色泽。使用过程中，由于人手的捧持和抚摸，以及自然的氧化，陶器的色泽会发生变化。陶器被丢弃后，在不同的埋藏环境中，其色泽还会发生变化。在考古发掘中，陶器或陶片受埋藏土壤的侵蚀，大多已表皮剥落、颜色退化，因此，发掘出土的陶器及陶片能保持黑色或红色原表皮的并不多。

　　在大量的陶器碎片中，夹砂红陶、夹蚌红陶和泥质红陶等属于红色系陶器，夹砂灰陶、夹炭黑陶、泥质灰陶等属于黑色系陶器。从统计数据来看，良渚文化的黑色系陶片数量明显多于红色系陶片的数量。

图 4-1　卞家山黑陶一组

一　尚黑

　　良渚陶器崇尚黑色，器表越是黑亮越显华贵。在 10 多个常规陶器种类中，黑陶占了绝大多数。除了夹砂缸和大口尊，部分鼎和罐，以及少量袋足鬶，其余的豆、罐、壶、双鼻壶、盆、簋、杯、宽把杯等器类大多呈黑色（图 4-1）。至少可以说，良渚先民就餐时所使用的陶器几乎全为黑色，各种器形高低错落、大小有致。这就好比现在的瓷质餐具，成套的碗、盘、杯、碟讲究格调一致，使用统一的色调和风格，而不会混杂多种颜色与图案。

不过，良渚黑陶只是外表呈黑色，所以也叫"黑皮陶"，其胎体往往呈灰色、米黄、浅褐甚至红色。这层黑亮的表皮是涂刷陶衣、抛光、窑内渗碳等综合作用产生的结果。

良渚古城区域的卞家山和钟家港是埋藏环境较为优越的遗址，两者潜水面之下都有很厚的淤泥沉积，饱水条件十分理想，陶片色泽相对稳定，统计结果具有可靠性和代表性。以卞家山为例，修复后剩余的陶片数量将近 8 万片，在保存条件较好的码头区淤积层，夹砂陶的黑色系陶片约占 73%，且大部分夹砂灰陶带有黑衣，红色系陶片仅占约 27%；泥质陶中黑色系陶片比例约为 89.5%，且大部分泥质灰陶也带有黑衣，少数尚有铅光，红色系陶片仅占约 10.5%。黑陶和红陶的数量比例关系，由此可见一斑。

二　红色支系

红色陶器的数量所占的比例虽然不高，却各具特色。红色陶器主要有三类：红陶鼎、红陶缸、红陶罐。

红陶鼎以鱼鳍形足的罐形鼎为代表，胎体夹细砂而匀薄，器表涂饰红衣；部分为隔档鼎（鼎式鬲），隔档下缘多数有注水孔（图 4-2，图 4-3）。有些炊器看似是黑色的，其实是在长期烟熏火燎的使用中慢慢变黑的。美人地遗址出土的一件鱼鳍形足鼎，下腹部大部分已附着黑炱，口部和三足的红色依然醒目（图 4-4）。这个遗址还有一件 T 形足鼎，若仔细观察，也能看出原来的基底是红色（图 4-5）。

图 4-2（上左）　南湖红陶鼎

图 4-3（上右）　小兜里 M6 红陶隔档鼎

图 4-4（下左）　美人地鱼鳍形足鼎

图 4-5（下右）　美人地 T 形足鼎

图 4-6　小兜里 M8 夹砂缸

　　红陶缸多为夹粗砂的红色厚胎，敞口圆唇，弧腹尖圜底，外壁上腹通常饰有尖突的网格状菱形纹，从口至底胎壁逐渐加厚，到底心处胎体最厚，有的已超过 5 厘米。出土时常见于墓葬一角的坑内，有可能是为了表示让墓主在阴间也不会挨饿。海宁小兜里出土了多件夹砂缸，其中 M8 东北角坑出土的夹砂缸底部浑圆，口沿外壁有多道凹弦纹，其下拍印斜向蓝纹（图 4-6）。M20 的夹砂缸出自墓坑外东南部，器表上腹部拍印一条宽约 8 厘米的斜向蓝纹，底部收缩为尖突的小平底，造型十分奇特（图 4-7）。

图 4-7 小兜里 M20 夹砂缸

　　红陶罐皆卷沿，沿面几乎都有戳点纹，圆鼓腹的外壁有旋削痕迹，部分残存有红衣，个体较大，器高多数在 30 厘米左右（图 4-8）。红陶罐在良渚文化中期开始出现，在良渚文化晚期逐渐流行，个体也逐步变大。目前所见个体最大的戳点纹红陶罐是卞家山遗址出土的台Ⅰ大罐（图 4-9），此器肩部饰两道凸弦纹，上面那道弦纹上有三组等边的麻花形堆贴纹，下腹部也有一圈凸弦纹，和肩部下面那道凸弦纹之间饰满细弦纹。此器口径宽 43.6 厘米、高达 72.8 厘米。

Introversion and Resplendence:
Liangzhu pottery

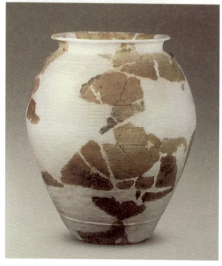

图 4-8（上） 钟家港弦纹罐
图 4-9（下） 卞家山台 I 大罐

三　表皮

　　保存较好的黑陶器皿，器表往往黝黑又光亮，呈现出醇厚的黑亮效果（图 4-10 到图 4-14）。可能是受环境中金属离子的影响，有的黑陶会产生金属质感的铅光效果（图 4-15 到图 4-18）。考古发掘出土的陶器很多都失去了表皮，露出的是暗红、浅褐、米黄、青灰等胎体的颜色。所以，很多陶器呈现的都是表面剥蚀之后的外观，并非其真实的原貌。陶胎在烧制过程中，由于温度、位置、烧火时间等原因，胎体本身的颜色不都是均匀一致的，断茬处往往可以看到类似夹心饼干的色差，比如外层褐内里灰、外层红内里黑等。

图 4-10　卞家山 G1 双鼻壶

图 4-11（上左） 卞家山双鼻壶残件

图 4-12（上右） 卞家山 G2 小罐

图 4-13（下左） 卞家山 G2 三鼻簋

图 4-14（下右） 卞家山 G1 豆把

图 4-15（上左）　卞家山 G2 器盖

图 4-16（上右）　卞家山 G1 残豆盘

图 4-17（下左）　卞家山 G2 尊

图 4-18（下右）　卞家山 G1 豆把尊

图 4-19　卞家山 G2 陶豆出土时的色泽

　　表皮是陶器制作时最后一道工序抛光所形成的结膜，在陶坯将干未干时用鹅卵石、竹片、木片、骨器等压光，可将陶坯内的泥浆析出，从而形成一层光亮的保护膜。这就像水泥抹光，在刮板挤压下，泥浆会集中到表面而形成光润的表层。图 4-19 是卞家山淤泥里出土的一件陶豆，器表黑亮，略带金属光泽，基本反映了良渚黑陶的原初样貌。有些陶器在抛光之前会被刷上一层陶衣，即釉水一样的特殊泥浆，目的是使陶器表面更光洁细腻，入窑烧制后颜色更加鲜艳，同时还能增强陶器的隔渗效果。

表皮的颜色很大程度依赖于烧制时窑内气氛的控制。一般来说，还原焰条件下烧出的颜色呈灰色，由于窑内氧气供应不充分，燃料不能完全燃烧，会产生大量一氧化碳。一氧化碳可将陶胎内的氧化铁大部分还原成氧化亚铁，从而使陶胎变成灰色。如果要进一步烧成黑色，可从密闭的窑室顶部淋水，松柴产生的浓烟会将碳分子渗透到陶器表面，从而形成黑色的外表。氧化焰条件下烧出的颜色呈红色，即入窑烧灼到一定程度，让窑内适量通风，让氧气进入窑内，使器表氧化，可将陶胎中的铁转化为红色的三价铁。

长期使用的陶器，表面也会形成一层所谓的"包浆"，即手部长期触摸产生的油润外膜。余杭南湖砂矿出土的这件陶罐就是一个很好的标本，此器原为红色，因长期使用变成了棕红色的油润表皮，岁月感十分强烈（图 4-20）。南湖砂矿出土的另一件鼎、一件大口罐和一件圈足罐，原来的红色器表已变成栗壳般油亮的棕黄色，有一种常年使用的熟旧感，鼎的底部还留有烟炱（图 4-21 到图 4-23）。

不过，有这样肥厚"包浆"的器物其实很少被发现，大概只有在沙土、淤泥等特殊的埋藏环境中才能出现，绝大多数器物的"包浆"已被周围的环境分解掉了，甚至连器物本身的黑皮也可能已局部或全部剥落。例如卞家山 M41 和庄桥坟 M143 这两件罐，黑皮都已剥落一半，前者缺了左

图 4-20（左） 南湖圈足罐
图 4-21（右） 南湖陶弦纹鼎

半边，后者缺了上半边（图 4-24，图 4-25）。卞家山 M59、M47、M33、M62 这四件陶豆，展示了陶豆的黑皮开始剥落、少量剥落、大部分剥落、完全剥落的整个过程（图 4-26 到图 4-29）。在庄桥坟遗址，墓葬内很多陶器的外观堪称完整，但其表皮都已完全剥落，现在所见的只是其胎体的颜色，因此我们看到的其实是一种假象（图 4-30 到图 4-33）。

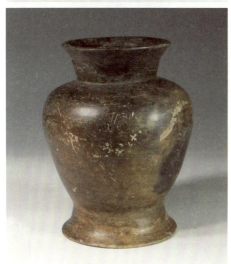

图 4-22（上）　南湖大口罐
图 4-23（下）　南湖圈足罐

图 4-24（上） 卞家山 M41 圈足罐

图 4-25（下） 庄桥坟 M143 平底罐

图 4-26（上左）　卞家山 M59 豆

图 4-27（上右）　卞家山 M47 豆

图 4-28（下左）　卞家山 M33 豆

图 4-29（下右）　卞家山 M62 豆

图 4-30（上左） 庄桥坟 M97 罐

图 4-31（上右） 庄桥坟 M99 盆

图 4-32（下左） 庄桥坟 M152 双鼻壶

图 4-33（下右） 庄桥坟 M259 豆

Introversion and Resplendence:
Liangzhu pottery

内敛与华丽：良渚陶器

第五章　陶之修饰

　　良渚陶器除了基本的器体造型，还运用了一些辅助的装饰技巧，就像家居中的软装一样，稍作点缀，便使器物变得富有灵性。装饰的手法多种多样，主要有凹弦纹、凸弦纹、附加堆纹、镂孔、刻纹、戳点、彩绘等。有的陶器会集多种装饰于一身，比如既有弦纹，也有镂孔，甚至同时有刻纹。这些装饰既有美化效果，也有实用考量，同时也使陶器产生了无限多的个性化差异。可以肯定，良渚工匠并不满足于固定的生产工艺，而是想方设法要让陶器有更好的视觉呈现和实用效果。事实上，良渚陶器中除了双鼻壶，几乎找不到一模一样的器形。

　　良渚陶器中还有一些刻画符号，出现在罐、豆、双鼻壶、壶等器物的口部、肩部、颈内、内底、器底等部位，有的肉眼可以观察到，有的则在隐秘部位。部分鼎的三足也有相同的刻画符号。绝大多数符号以单符出现，个别有一器多符的现象。据统计，迄今发现的良渚刻符已有 700 多个，多数为烧后所刻，划道边缘往往有锯齿状的崩疤；少数为烧前所刻，即后面的笔画会覆盖前面的笔画。大体上，这些刻符可分为象形符号和抽象符号两大类，抽象符号明显具有标识意义，成组的象形符号可能具备记事功能，有专家认为良渚刻符已属于原始文字。从装饰的角度，良渚刻符都比较随性，基本没有章法可言，起不到装饰的作用，加之另有专书介绍，故不列入本书的解读范畴。

一 弦纹和堆纹

弦纹是良渚陶器中最常见的装饰手段，又分凹弦纹和凸弦纹。因为是轮制，只要用竹刀在器身上轻轻一点，高速旋转的陶坯就能被旋削出凹弦纹（图 5-1 到图 5-3）；在器物的相邻部位做减地处理，可以在分界线上产生凸弦纹或竹节的效果（图 5-4 到图 5-8）。当成组凹弦

图 5-1　卞家山 G2 豆

图 5-2（左） 卞家山 G1 圈足盘
图 5-3（右） 卞家山 G1 器盖

纹的宽度和间距接近时，我们看到的可能是凸弦纹，这是一种可以变换的感官错觉（图 5-9 到图 5-11）。所以弦纹的大量出现不足为奇，尤其是那种乌黑光亮的器物，弦纹可以打破大面积的高光，赋予器物一些节奏和美感。除了具有装饰功能，就实用效果而言，弦纹还能增加捧持器物的摩擦系数，使器物不易滑落。当然，弦纹的制作尽管较为容易，也不能滥用，不能不讲章法，否则就会走向呆板和庸俗。

图 5-4（上左）　卞家山 G2 豆

图 5-5（上右）　卞家山 G1 簋

图 5-6（下左）　卞家山 G2 圈足盘

图 5-7（下右）　卞家山 G2 红陶罐

图 5-8　庙前 H2 弦纹罐

图 5-9　卞家山台 I 豆

图 5-10（左）达泽庙 J2 双鼻壶

图 5-11（右）戴墓墩双鼻壶

　　无论是凹弦纹还是凸弦纹，本质上都是减地法做出的。而一些罐、壶、缸之类的大型器物，光靠弦纹不足以保证使用安全，往往需要在肩部、腹部设置较粗的条带状装饰，这样可以有效防止人们在搬动过程中失手而致器物滑落（图5-12）。然而轮制陶坯时胎壁已较薄，通过减地法不便制作粗壮的凸弦纹，于是就出现了在陶坯外加饰条带纹的做法，这种装饰也叫"附加堆纹"。有的隆起部位还会再进行处理，使之产生波浪形、绳纹等艺术效果。袋足鬶的肩部常常加饰两条较短的附加堆纹，有的还会添刻图案（图5-13）。

图 5-12（左）　卞家山弦纹罐

图 5-13（右）　雀幕桥刻纹鬶

二　镂孔

镂孔在崧泽文化时期已经盛行，最典型的就是圆孔加两侧的三角形透孔组合，主要装饰在阶梯状豆把以及后来假圈足豆的圈足上。良渚文化时期继续采用镂孔装饰，制作陶坯时用竹锥、竹管、竹刀等工具，在陶坯的圈足、高把等部位刺穿或削剔出椭圆形扁孔、圆形孔、三角形透孔等装饰，使陶器具有玲珑之感。

总体而言，镂孔装饰在良渚文化时期没有在崧泽文化时期流行。主要的镂孔形态为圆孔和扁圆孔，装饰于少量的粗矮豆把以及双鼻壶、圈足盘、陶簋等圈足上（图5-14到图5-16）。有些圆孔会和圆形及半圆形的压印纹组成多种纹样（图5-17到图5-19）。良渚文化晚期再次出现大的圆孔和三角形镂孔的装饰，有的仍以一圆孔加两个三角孔构成组合，有的则并列等距排列，多见于粗壮较高的豆把上（图5-20到图5-23）。美人地一件大型器座，分三层镂刻出圆形、三角形、亚腰形等透孔，颇有竹篓的韵味（图5-24）。

图 5-14（上左） 新地里 M50 豆

图 5-15（上右） 卞家山 M2 豆

图 5-16（下左） 卞家山 T4 豆

图 5-17（下右） 庄桥坟 M90 豆

图 5-18（上左）　亭林 M6 豆

图 5-19（上右）　新地里 M43 簋

图 5-20（下左）　图泽 M12 镂孔豆

图 5-21（下右）　美人地镂孔豆

图 5-22（上左） 卞家山 T3 镂孔豆把

图 5-23（下左） 南湖镂孔豆把

图 5-24（右） 美人地镂孔器座

三 刻纹

　　良渚陶器除了隆起、内凹、镂空的装饰，还有一些细刻的花纹，尤其到了良渚文化晚期，细刻花纹在部分地区盛行。表现花纹的元素很多，有圆圈纹、半圆纹、螺旋纹、十字纹、三角形纹、平行纹、波浪纹、曲折纹、鱼鳞纹、海涛纹、网格纹、砖砌纹、侧鸟纹、展翅鸟纹等等，大部分属于抽象的几何纹，有的也能联想到是自然界和生活中存在的物象，例如太阳、鸟、水波、海涛、错缝砌砖等。

　　刻画纹饰的器类主要有双鼻壶、豆、宽把杯、匜、罐、壶、鼎等。有的刻纹器物，盖子上也有相应的图案。就刻纹的幅度而言，有的较为简单，有的则较繁密；有的布满器表，有的器物内侧也有刻绘。一般来说，有刻纹图案的陶器制作都较精良，造型规整端庄，表皮黑亮。刻画的工具可能是细竹签、骨针、鱼刺等。根据现代制陶艺人的经验，刻纹应在入窑之前完成。所刻的纹饰技法娴熟，线条流畅、清晰，似乎是专门的刻纹匠人所为。出窑后在乌黑底色的映衬下，线刻的效果更加醒目。这些纹样不仅美化了陶器，也使陶器拥有了毓秀的质感。不过，就整个良渚文化分布区而言，带刻纹的陶器只占一小部分，主要见于良渚古国的统治中心良渚古城，以及草鞋山、

福泉山、邱承墩等地方权力中心，可见刻纹陶器盛行的地方也是政治
权力集中的区域，因此它们大多应是礼仪用器和贵族用品。

　　螺旋纹是良渚陶器纹样中最重要的构图元素，也是唯一与玉器
纹饰相通的构图元素，高雅一点可称之为"卷云纹"。小到豆芽状的
单圈螺旋纹，大到线球状的螺旋团纹，再到盘旋或 S 形的蛇形躯体
纹样，疏、密、紧、散的各种螺旋纹，构成了良渚陶器花纹的主体风
格。一个螺旋纹加一个弧尖，代表一个鸟首；一条盘曲的宽带状弧线
内，填刻螺旋纹和平行短线，代表动物躯体。鸟首或指代鸟首的螺旋
纹通常与蛇形躯体组合，一定距离附着一个鸟首或螺旋纹，内侧与外
侧均可，就像树枝上有规律长着的绿叶，这代表一种多头曲体的灵异
动物，有时候甚至分不清首尾。在良渚人心目中，这种动物已然成为
吉祥符号，就像后来的盘龙或麒麟，说不清，道不明，却人人喜欢
用。我们姑且将这种纹样称之为"鸟首蛇形纹"（图 5-25 到图 5-27）。
因为跟春秋战国时期的蟠螭纹很像，有的学者索性称之为"禽鸟蟠
螭纹"。

图 5-25　葡萄畈刻纹陶片

图 5-26（上） 卞家山 G1 刻纹陶片

图 5-27（下） 卞家山 G1 刻纹陶片

图 5-28　良渚古城西墙兽面刻纹陶片

　　良渚人在他们认为珍贵的器物上刻绘这种图案，体现的是一种浪漫主义情怀。这与良渚玉器以神徽为表现内容的刻纹是两种体系，玉器纹饰象征高贵与神圣，陶器纹饰则展现富裕和奢华。迄今所见，唯一刻绘了与神徽相关图案的陶器出自良渚古城，尽管这是一个重眼带獠牙的兽面，但它已被图案化，胳膊变成了散架的鸟翼，前肢的纹饰变成纵横相隔的线束，神徽在此成了装饰题材，也可理解为吉祥符号（图 5-28）。

图 5-29　卞家山 G2 刻纹陶片

　　多数鸟首蛇形纹配有底纹，如卞家山 G2 出土的这件壶颈残片，螺旋纹和线束交缠的网格状底纹，衬托着均匀排布的鸟首蛇形纹（图5-29）。也有少量纯粹的鸟首蛇形纹会不断嫁接和复制，作二方或四方接续，填满器表或框定的区域（图 5-30）。而卞家山 G2 出土的另

图 5-30　卞家山 G1 刻纹豆把残片

一件壶颈腹残片的黑皮上，刻满了细密的鸟首蛇形纹，乍一看像涂了一层灰釉，2 厘米见方竟刻有 12 个鸟首蛇形纹，堪称微雕作品（图 5-31）。有的鸟首蛇形纹刻画特别精致，细节也更丰富，而且跟底纹之间往往会留出一周空白的边线，从而凸显鸟首蛇形纹的主纹地位。如卞家山 G1 这件双鼻壶颈部，以平行线纹和砖砌纹交互分布为底纹，

图 5-31　卞家山 G2 刻纹陶片

丰满流畅的鸟首蛇形纹因边缘留白显得更加醒目（图 5-32）。有的鸟首蛇形纹简化为没有蛇形身躯的双头或多头鸟纹，等距刻画在底纹之中（图 5-33）。有的是将多个鸟头集中在一起，尖喙朝外（图 5-34，图 5-35）。这种简省的构图方式，跟良渚玉器纹饰以局部代表全部的方式，有异曲同工之妙。

图 5-32　卞家山 G1 刻纹陶片

图 5-33　卞家山 G1 刻纹豆把

142

图 5-34（上）　卞家山 G1 刻纹豆把残片

图 5-35（下）　卞家山 G1 刻纹陶片

带状圈饰是良渚陶器一种基本的装饰手法。所谓带状圈饰，是指围绕器身一周的装饰带，可宽可窄。这种装饰以陶豆上的图案最为典型，而此类陶豆均为高柄豆，直口或微敞口，折腹，把上饰有凸弦纹、凹弦纹或竹节形突棱，纹饰就刻绘在豆盘的外侧以及豆把下部或全部的分节中间。以卞家山为例，豆把上的纹样大致分三种：

1. 横向水波纹或横向水波纹加鸟首纹图案（图 5-36）；

2. 纵向水波纹或纵向水波纹加鸟首纹图案（图 5-37）；

3. 变形网纹或变形网纹加鸟首蛇形纹（图 5-38）。

T40②:109

G1②:69

图 5-36　卞家山豆把横向刻纹

图 5-37（左） 卞家山 G1 豆把纵向刻纹

图 5-38（右） 卞家山 G1 豆把网格刻纹

三种纹样之间似乎存在逻辑关系。由于带纹饰的豆把本身都有横向的弦纹或突棱，因此第一种纹样应最先出现，它原本是弦纹或突棱之间的填充装饰，后来演变为有一定宽度的装饰带。然后是第二种纹样，横向的水波纹转向后，就成为纵向的水波纹。横向的水波纹加纵向的水波纹，就成了网格状的图案，即第三种纹样，只是这种纹样到后来变得越来越草率，甚至凌乱。从纹路的变化关系中，我们可以看到这样一种由简至繁的纹饰演变规律。当然，三种纹样并不是一种先后替代的关系，它们可以共存，三种装饰底纹中的鸟首纹或鸟首蛇形纹，很可能是它们在共同延续过程中相互影响的产物。

双鼻壶也有带状圈饰，主要刻在其长颈上。例如卞家山 G1 这件双鼻壶，颈部中央有五道等距的凸棱，上凸棱至口部和下凸棱至肩部，分别刻画了相同的带状圈饰，即由内而外逆时针方向的螺旋纹等距排列，中间填刻水平方向的曲折纹，扁圆的器身肩部还刻有一周抽象的鸟纹。类似的螺旋纹宽带装饰，在新地里 M28 双鼻壶上也有发现（图 5-39，图 5-40）。

图 5-39　卞家山 G1 刻纹双鼻壶

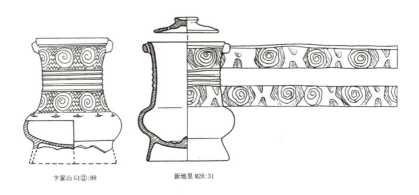

卞家山 G1②:88　　　　　　　　新地里 M28:31

图 5-40　卞家山、新地里刻纹双鼻壶线图

带状纹和螺旋纹组合，可以将陶器周身填满花纹，这是高级陶器的象征。这种装饰跟明清时期青花瓷的装饰十分相似，带状纹和主题图案分层描绘，从口部至底部可达 10 多层。目前所见，通体施纹、整器设工、极尽华丽的器形，主要有宽把杯、匜、双鼻壶、豆和鼎。

宽把杯以福泉山 M65 这件为典型，此器胎薄轻盈，宽把翘流，器表乌黑油亮，器身刻满精细花纹。腹部的主题纹饰是几只错落有致的变形鸟纹，鸟身填刻纵横交错的平行线，流部是双翼舒展的飞鸟正视形象；杯身器表通体刻有纵向菱格折线纹的规则底纹，菱格内填满细线（图 5-41，图 5-42）。海盐龙潭港 M12 宽把杯刻绘了一条鳄鱼，张嘴露齿的头部在宽把一侧，鳄鱼的身体被拉伸成多条带状装饰（图 5-43，图 5-44）。绰墩也发现过一件满工的宽把杯，口部较小，流部高翘，器身刻满鸟兽纹和方格填线纹（图 5-45）。平湖戴墓墩 M1 出土的宽把杯，流口下部有一个尖突的鸟喙，器身刻满鸟首蛇形纹和网格状底纹（图 5-46）。此外，卞家山 G1 发现有宽把杯残件，流口为平行线和涡纹，器身镌刻鸟首纹和方格填线纹（图 5-47）。庙前第五、六次发掘也出土了细刻纹宽把杯残件，流口的下部刻有交互的鸟首蛇形纹（图 5-48）。

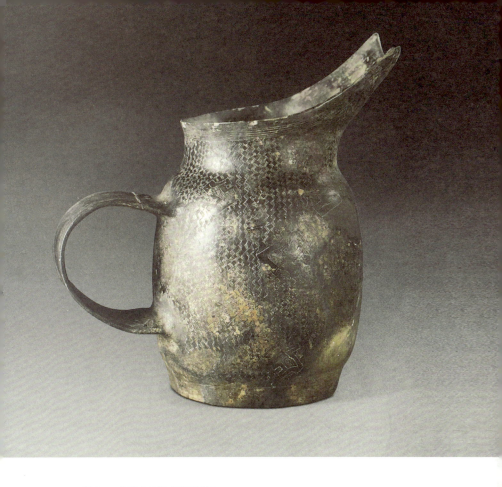

图 5-41 福泉山 M65 刻纹宽把杯

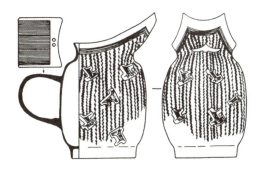

图 5-42 福泉山 M65 宽把杯线图

图 5-43　龙潭港 M12 刻纹宽把杯

图 5-44　龙潭港 M12 宽把杯鳄鱼刻纹线图

内敛与华丽：良渚陶器

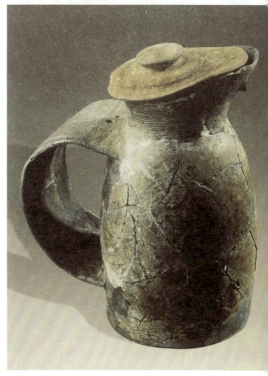

图 5-45（上） 绰墩刻纹宽把杯

图 5-46（下） 戴墓墩 M1 刻纹宽把杯

图 5-47　卞家山 G1 刻纹宽把杯残片

图 5-48　庙前 H3 刻纹宽把杯残片

　　宽把匜也可称匜形宽把杯，有的也有精美刻纹。如吴家场 M207
出土的两件双把宽把匜（图 5-49 到图 5-51），圆鼓的器身有六道凸
棱，凸棱间刻满填线鸟纹，流下部和器盖刻满带边框的变形鸟纹，极
尽奢华。龙潭港 M28 出土的宽把匜也刻满花纹（图 5-52）。

图 5-49　吴家场 M207 双把宽把匜刻纹器盖

图 5-50〔左〕 吴家场 M207 双把刻纹宽把匜

图 5-52〔右〕 龙潭港 M28 刻纹宽把匜

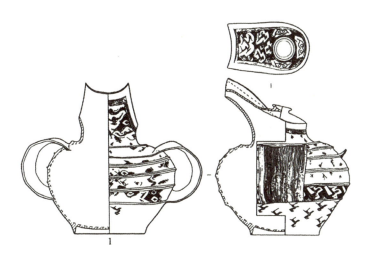

图 5-51　吴家场 M207 双把刻纹宽把匜线图

图 5-53（左） 福泉山 M74 刻纹双鼻壶
图 5-54（右） 福泉山 M74 刻纹双鼻壶线图

　　满工的双鼻壶见于福泉山 M74，有两件，其中一件带盖。这两件双鼻壶的颈部、腹部乃至圈足，包括器盖，都刻满了鸟首蛇形纹。缺盖的那只，鸟首蛇形主纹的周围留有一条空白带，其余的空间填满涡纹（图 5-53 到图 5-55）。草鞋山 M198、邱承墩 M3，也都出土了刻满器表的双鼻壶。草鞋山 M198 的一件双鼻壶颈部，刻满了纵向的波浪纹（图 5-56）；邱承墩 M3 这件双鼻壶的刻纹更为奇特，颈部所刻的四条带状圈饰，鸟首蛇形纹被简化为弯曲的虫纹，底纹为波浪形或鱼鳞纹，壶腹刻变形的双鸟首纹，圈足刻双线螺旋纹（图 5-57）。上海青浦寺前 M4 出土的双鼻壶也有精美的纹饰，颈上部为两周以三道平行线构成的曲折纹，其下刻满了螺旋的涡纹（图 5-58）。赵陵山 M52 的双鼻壶，弦纹之外的颈及上腹部，刻满了展翼填线的鸟纹（图5-59）。

图 5-55　雨霖山 M74 刻纹双兽壶特写

图 5-56　草鞋山 M198 刻纹双鼻壶线图

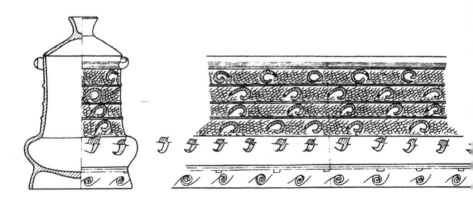

图 5-57　邱承墩 M3 刻纹双鼻壶线图

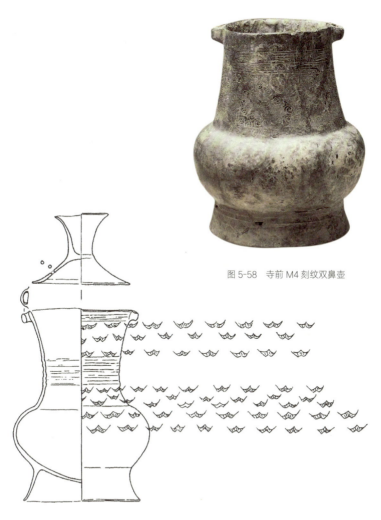

图 5-58　寺前 M4 刻纹双鼻壶

图 5-59　赵陵山 M52 刻纹双鼻壶线图

满工的陶豆以福泉山
M101 这件为典型，豆盘外和
豆把刻满了细密的纹饰。豆盘
外以缠绕的鸟首蛇形纹为主
纹，蛇形纹内填满卷云纹和平
行弧线，连续的两组鸟首蛇形
纹之间辅以侧身的展翼凤鸟和
海鸥状双翅飞鸟。豆把的凸棱
间刻绘正侧相间的鸟纹（图
5-60，图 5-61）。

图 5-60　福泉山 M101 刻纹豆

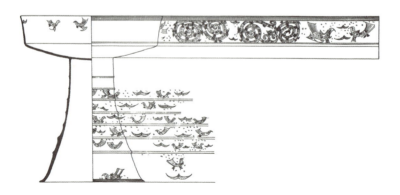

图 5-61　福泉山 M101 刻纹豆线图

　　福泉山 M65 一件鼎及盖上刻满花纹，器盖及盖钮上刻绘了 18 个鸟首蛇形纹，器身肩部饰细密的弦纹，器身腹部刻绘环环相扣的鸟首蛇形纹，镂孔 T 形鼎足的外侧面，也饰有同类花纹（图 5-62）。草鞋山 M198 的鼎，虽然器身只有简单的弦纹，但器盖刻画了 4 组鸟首蛇形纹，加上圈纹里面的曲折填线纹，也显得十分华丽（图 5-63）。

图 5-62　福泉山 M65 刻纹鼎线图

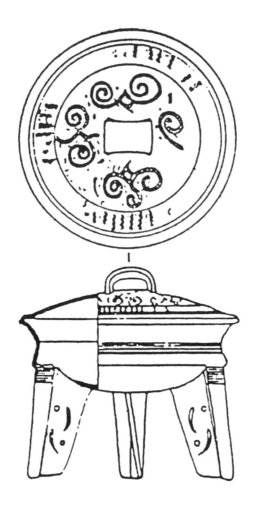

图 5-63　草鞋山 M198 刻纹鼎线图

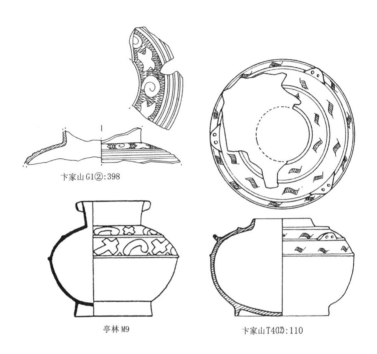

卞家山 G1②:398

亭林 M9　　　　　　　　卞家山 T4①②:110

图 5-64　卞家山、亭林刻纹壶线图

　　一些壶、罐的肩部也会出现刻画图案，比如亭林出土的一件陶壶，肩部刻绘了两圈"十"字形和弧形相间排布的描边几何图案。类似的图案在卞家山 G1 也有发现，描边的几何图案经过拉伸扭曲，动感更足。卞家山 T4 出土的一件黑陶罐，肩部三圈凸棱间也刻绘了等距分布的变形填线鸟纹（图 5-64）。邱承墩和新地里遗址也有壶肩部带刻纹的标本，邱承墩 M3 肩部饰缠绕的蛇形纹，新地里 M2 肩部饰填线变形鸟纹（图 5-65）。

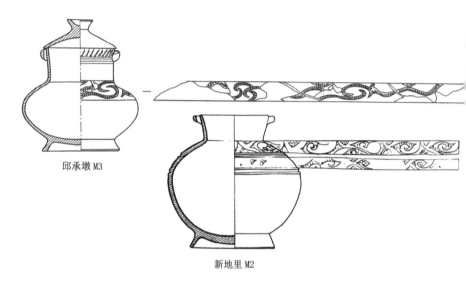

邱承墩 M3

新地里 M2

图 5-65　邱承墩、新地里刻纹壶线图

　　庙前第五、六次发掘中，还发现了一件罕见的直筒形刻纹杯，上
腹部刻有三条带纹，最上部的带饰较窄，里面为斜向的平行线，呈
"八"字形均匀分布。第二条和第三条带饰刻有相同的圆圈及水平曲
折填线纹，但带宽不一致，下部的带饰明显较宽（图 5-66）。

图 5-66　庙前 H3 刻纹杯

图 5-67〔左〕 卞家山 G1 鱼鳞纹豆把

图 5-68〔右〕 佘墩庙 M12 刻纹双鼻壶

图 5-69　卞家山 G2 海涛纹拓片

　　此外，良渚陶器还有多种其他纹饰，有的十分罕见。其中鱼鳞纹发现多例，如卞家山 G1 一件喇叭形豆把，下部三个节面之间刻满了鱼鳞纹（图 5-67）。海宁佘墩庙一件双鼻壶颈部，鸟首蛇形的主纹之外，也填刻了密实的鱼鳞纹（图 5-68）。类似的还有海涛纹，见于卞家山 G2（图 5-69）。海宁小兜里和上海寺前遗址发现过同样造型、同样装饰的陶豆，豆把上部刻绘了两条平行线束（五条线）装饰带，较上一条为波浪纹，下面一条以等距斜向排列的小镂孔为间隔，呈绞索状穿插（图 5-70，图 5-71）。

图 5-70　小兜里 M6 刻纹豆

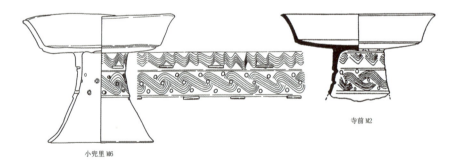

小兜里 M6

寺前 M2

图 5-71　小兜里、寺前豆把纹饰线图

四　戳点纹

良渚文化中期开始出现一种卷
沿的红陶罐，沿面有戳点纹装饰，
到良渚文化晚期，这类器物越来越
多，个休越来越大，花纹也更丰
富，成为一道独特的风景（图 5-72
到图 5-74）。

图 5-72　卞家山 G1 戳点纹红陶罐

图 5-73　卞家山 G2 戳点纹红陶罐

图 5-74　卞家山 G2 戳点纹红陶罐

　　这类红陶罐的装饰部位都在翻卷的沿面，而且大部分靠近口沿内侧。戳点的纹样除了装饰化的线条，还有文字化的符号。除了海宁小兜里遗址发现过几个随葬红陶罐的墓例，绝大多数红陶罐出自遗迹和地层当中。在卞家山遗址，能看出线饰或符号的标本有 59 个，其中沿面完整的有 12 个。从沿面完整的戳点图案来看，其装饰手法有如下几种情况：

　　1. 仅有单个戳点符号；

　　2. 戳点线条之间有两个对称的戳点符号；

　　3. 戳点线条之间有四个等距的戳点符号。

　　戳点线条以弧线居多，波浪线也占一定比例。单股的线饰较常见，也有双股和四股的线饰。线饰的长短也不一致，有的连续较长，有的则间隔分布。戳印符号有×形、S 形、T 形、D 形、L 形、叶脉形等多种。对称的两个符号或四个符号大多不相同，表明它们不是纯装饰性的（图 5-75）。这些符号有的与刻画符号相同，如×形、T 形、个形、L 形等，有的为一段组合的线条，有的为一段曲线。总体来看，这些符号都应是抽象符号，没有象形的内容。从戳点的痕迹判断，戳点边缘微微隆起，当为泥坯时形成，说明戳点装饰均为烧前所为。

良渚文化晚期各地都有这种戳点装饰的红陶罐存在，造型统一、胎质相同、色泽相近、装饰风格一致，表明这类器物具有特定用途。如果用来盛装稻米等粮食，普通的陶罐也可以，不必大费周章制作这么特殊的器物；如果用来盛酒，就需要密闭口部，虽然用兽皮等材料可以蒙住口部，内凹的颈部可以将兽皮系扎紧实，但如此一来兽皮会遮蔽沿面的装饰，戳点的花纹便成了多余的，失去了意义；如果不是用来盛液态的东西，那就可能是用来盛某种干果，这种干果或许是某种高级食物或饮品的原材料，总之对良渚先民的生活具有特殊的意义。

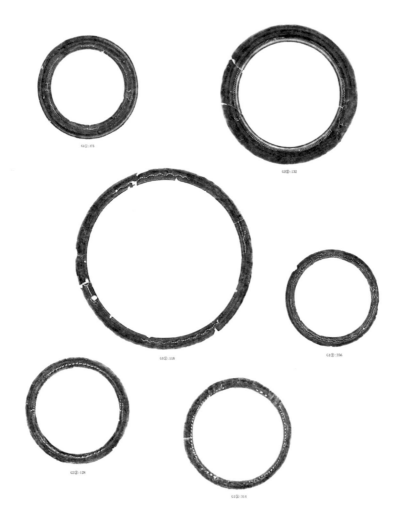

图 5-75　卞家山戳点纹红陶罐纹饰拓片

五　彩绘

　　良渚文化的彩陶可算是良渚陶器家族中的调味品。虽只在个别遗址有零星发现，但纹样还算丰富。

　　良渚文化的彩陶部分承袭崧泽文化晚期的彩陶，部分受到外来影响。经过吸收和创新，良渚彩陶形成了自己的风格。

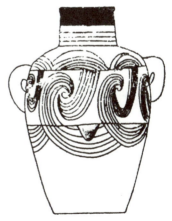

图 5-76（左）　福泉山彩陶背壶
图 5-77（右）　福泉山彩陶背壶线图

图 5-78（左） 广富林彩陶壶
图 5-79（右） 南湖彩绘器圈足

　　福泉山遗址发现的一件彩陶背壶，无论陶质、陶色、器型与纹饰，都具有大汶口文化彩陶的风格，可能是因某种原因从大汶口文化直接带入的（图 5-76，图 5-77）。

　　广富林出土的一件彩陶壶和南湖出土的一件彩陶器圈足，都描绘了两条粗红线与两条粗黄线交缠的纹样（图 5-78，图 5-79）。广富林J16 还出土了一件类似纹样的彩陶杯（图 5-80）。澄湖出土的一件双鼻壶有上下两组双股绞索纹，只是颜色为单色黄（图 5-81）。这几件器具出自当今的江浙沪地区，说明这种红黄两色或单色的绞索纹，是良渚彩陶的一种流行图案。

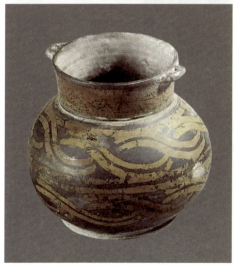

图 5-80（上）　广富林 J16 彩陶杯

图 5-81（下）　澄湖彩绘双鼻壶

美人地遗址修复了一件完整的贯耳壶，米黄底施红彩，双耳上绘纵向条纹，器物上腹部绘螺旋带尖尾的宽带纹，宽带内填满平行斜线纹，形似盘旋的动物躯体（图 5-82）。卞家山也有一件彩绘贯耳壶残件，器物造型和纹饰风格跟美人地这件彩绘贯耳壶如出一辙（图 5-83）。

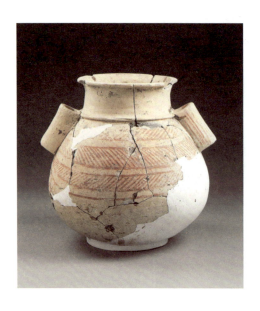

图 5-82（左） 美人地彩绘贯耳壶
图 5-83（右） 卞家山贯耳壶彩陶残片

图 5-84　塔地彩陶罐

　　塔地遗址出土过一件较完整的彩陶罐，橙黄底上描绘了四组勾连的红色 S 形线束，颇具动感（图 5-84）。福泉山有一件造型别致的黑陶壶，器身扁圆，高圈足上有四组花瓣形镂孔，细长钮的器盖特别秀美。其圈足底部、器腹分别描绘了一条红色带饰，盖上则描绘了三条红色带饰（图 5-85，图 5-86）。该器的彩绘仅存痕迹，按理它应采用线刻装饰，但它涂描了彩绘，可能具有特殊的用意。

图 5-85（左） 福泉山 M101 高盖罐
图 5-86（右） 福泉山 M101 高盖罐彩绘线图

图 5-87（上）　卞家山彩陶罐口沿
图 5-88（下）　卞家山 G1 彩陶片

卞家山遗址还有一些彩陶片，纹样各不相同，有成组的弧线纹，有平行直线纹，有禾苗纹，还有展翅的鸟纹等（图 5-87 到图 5-90）。邻近的钟家港遗址，一件黑陶残器上也有鲜艳的扁方格带状红彩圈饰（图5-91）。

图 5-89（左） 卞家山 G2 彩陶片
图 5-90（中） 卞家山 T4 彩陶片
图 5-91（右） 钟家港彩陶片

Introversion and Resplendence:
Liangzhu pottery

内敛与华丽：良渚陶器

第六章　陶之嬗变

良渚文化延续千年，相当于北宋到现如今那么悠长。可以想象，无论是社会结构、管理体系，还是居住形态、器物造型等，它们在这么长的时间跨度中不可能没有变化。

陶器是社会演进、生活方式改变的指示器，考古学家很大程度上依靠陶器的细微变化，揭示出古代文化社会发展的轨迹。

根据陶器的变化特征，学术界对良渚文化做过多种分期。有的将良渚文化分为三期，有的分为五期，有的分为六期，有的在期别里面再进一步划分阶段，最细的将良渚文化分为 10 个阶段。不过，分得越细越不容易把握，因为考古发掘中单个遗址出土的陶器都不齐全，也不可能自始至终都有陶器出土。要将良渚文化整个编年排列出来，势必要将很多遗址的陶器整合在一起进行排序，年代划分越细就越难获得陶器循序渐变的标本，何况，有些陶器还存在地域差异。

如前所述，良渚文化不同地区的陶器品种和陶器变化速度并不完全相同。目前所划分的良渚文化四大区块——太湖南部的杭州地区、太湖东南部的嘉兴地区、太湖东部的苏州—沪西地区、太湖北部的无锡—常州地区，由于受地理环境、政治地位、生活方式、文化传统等因素的影响，呈现的文化面貌有所差异，陶器的变化节奏也不均衡。比如杭州地区的陶器种类相对丰富，过滤器仅见于该地区的良渚文化早期（崧泽文化晚期即已出现），隔档鼎（鼎式甗）较流行，双鼻壶不发达，良渚文化晚期受到江西樊城堆文化、湖南屈家岭文化的影响较明显；嘉兴地区和苏州—沪西地区受崧泽文化的影响时间较长，良渚文化时期，源自崧泽文化晚期的双鼻壶在这片区域特别流行，隔档鼎、匜也较流行；无锡—常州地区则受山东大汶口文化的影响较明显。

　　鼎、豆、双鼻壶作为良渚文化最主要的陶器，存在于各地区且大同小异，其变化轨迹相对清晰完整，基本反映了良渚社会的变迁。以下以鼎、豆、双鼻壶为例，按早、中、晚三期的大时空框架，对良渚陶器的变化轨迹做一个粗略梳理。

一　鼎

　　鼎是良渚陶器中最具代表性的器物，主要特征反映在鼎足上。常见的鼎足有鱼鳍形足、T形足、圆锥足、侧扁足。

　　鱼鳍形足是指外形像鱼鳍的鼎足，这种鼎从良渚文化早期一直延续到晚期。这种鼎口沿从卷沿到内沿斜直，再到沿面内凹，鼎足从上宽下尖到上窄下宽，鼎足侧面的划纹也从短线到平行，再变为交叉错乱（图6-1到图6-4）。

图 6-1（左）　庙前 M30 鱼鳍形足鼎
图 6-2（右）　福泉山 M126 鱼鳍形足鼎

图 6-3（左）　卞家山 M21 鱼鳍形足鼎
图 6-4（右）　卞家山 G1 鱼鳍形足鼎

　　T 形足是指截面呈 T 形的鼎足，这种鼎自良渚文化早中期之交开始，从鱼鳍形足鼎序列中分叉发展，鼎足外侧不断加宽，最终演变为外宽大于内长的 T 字形，继而外侧的宽面逐渐往里内凹。在这个过程中，内边的两侧同样有划纹，且变化趋势跟鱼鳍形足同步（图 6-5 到图 6-8）。良渚文化晚期的 T 形足外侧面往往有一个略窄的浅凸面（图6-9）。

图 6-5（左）　卞家山 M31 T 形足鼎
图 6-6（右）　卞家山 M5 T 形足鼎

图 6-7（左） 卞家山 M6 T 形足鼎

图 6-8（右） 广富林 M52 T 形足鼎

图 6-9　龙潭港凸面 T 形足鼎

图 6-10（左）　新地里 M70 圆锥足鼎
图 6-11（右）　戴墓墩 M4 圆锥足鼎

　　圆锥足是指根部稍粗、尖部略细的锥柱形素面鼎足，这种鼎主要流行于良渚文化晚期，器身多为盆形，也有少量罐形或高领罐形，口部多为折沿或卷沿（图 6-10，图 6-11）。

　　侧扁足略似圆锥足压扁的形态，两侧有抹痕，截面呈扁圆形，出现于良渚文化末期。这种鼎足形态，可能融合了鱼鳍形足和圆锥足演变而成（图 6-12，图 6-13）。

图 6-12（上） 卞家山 G1 侧扁足鼎

图 6-13（下）卞家山 H1 侧扁足鼎

二　豆

豆是良渚陶器的一个大类。豆虽然形态较多，主要的还是折腹豆和弧腹豆，它们有着较为一致的变化规律，即豆盘由深变浅、豆把由矮变高。

折腹豆的口部有直敞口和折沿之分，后者流行时间较短。直敞口的折腹豆，豆盘由深变浅，口部越来越张，豆把由粗矮向细高的喇叭形发展，把上的弦纹、竹节纹逐渐增多，到晚期还出现了刻画纹装饰（图 6-14 到图 6-17）。

弧腹豆也分直口和折沿两种，前者流行时间较短。折沿的弧腹豆，沿面由卷变平，由平变翻，豆盘由深变浅，豆把由矮趋高（图 6-18 到图 6-21）。

图 6-14（上左） 卞家山 M31 豆
图 6-15（上右） 卞家山 M5 豆
图 6-16（下左） 卞家山 M9 豆
图 6-17（下右） 卞家山 M45 豆

图 6-18（上左）　卞家山 M10 豆
图 6-19（上右）　卞家山 M57 豆
图 6-20（下左）　文家山 M6 豆
图 6-21（下右）　卞家山 M50 豆

三 双鼻壶

双鼻壶的数量虽然在不同地区有多有寡，但其变化规律基本一致。总体上圈足越来越高，器腹越来越扁，颈部越来越长。

双鼻壶在崧泽文化晚期已有雏形，此时的双鼻壶均为饼形底，或称"假圈足"，底面往往有等距的切割花口，器身呈球状，腹部较深，颈部很短（图 6-22）。良渚文化早期底部呈矮圈足，器腹略扁，颈部开始变长。良渚文化中期圈足变高，器腹更扁，颈部更长。良渚文化晚期圈足很高，器腹矮扁，颈部颀长（图 6-23 到图 6-27）。良渚文化末期有的双鼻壶腹部几乎成为一道凸棱（图 6-28）。

图 6-22　达泽庙 M5 双鼻壶

图 6-23（上左）　新地里 M82 双鼻壶
图 6-24（上右）　新地里 M72 双鼻壶
图 6-25（下左）　新地里 M42 双鼻壶
图 6-26（下右）　新地里 M66 双鼻壶

图 6-27（左） 新地里 M73 双鼻壶
图 6-28（右） 新地里 M15 双鼻壶

　　值得关注的是，良渚文化晚期同时出现了细刻繁缛花纹的鼎、豆、双
鼻壶。这类器物有一些共同的特征：黑亮的表皮，造型规整，做工精良。
就器形而言，鼎多为足饰对弧和圆点镂孔的鼎，豆为喇叭形高把的折腹
豆，双鼻壶则为细长颈的扁腹壶。它们的花纹风格也十分相似：鸟首蛇形
纹为主，展翼的鸟纹为辅，有的通体刻纹（图 6-29 到图 6-31）。这个现
象的背后，应该是这三种主要的陶器被列入了礼器范畴，其中的精品已升
格为礼器。加上其他一些器形（如宽把杯、匜等）的礼器化，内敛俊秀的
良渚陶器，由此迎来华丽的转身。

图 6-29（上左） 福泉山 M65 刻纹鼎
图 6-30（下左） 福泉山 M74 刻纹双鼻壶
图 6-31（右） 福泉山 M101 刻纹豆

附录：参考文献及部分图片来源（考古报告及图录）

1. 浙江省文物考古研究所 :《卞家山》，文物出版社，2014 年。

2. 浙江省文物考古研究所 :《文家山》，文物出版社，2011 年。

3. 浙江省文物考古研究所 :《庙前》，文物出版社，2005 年。

4. 浙江省文物考古研究所，桐乡市文物管理委员会 :《新地里》，文物
   出版社，2006 年。

5. 浙江省文物考古研究所，海宁市博物馆 :《小兜里》，文物出版社，
   2015 年。

6. 上海市文物管理委员会 :《福泉山》，文物出版社，2000 年。

7. 南京博物院 :《赵陵山——1990—1995 年度发掘报告》，文物出版
   社，2012 年。

8. 南京博物院，江阴博物馆 :《高城墩》，文物出版社，2009 年。

9. 南京博物院，江苏省考古研究所、无锡市锡山区文物管理委员
   会 :《邱承墩——太湖西北部新石器时代遗址发掘报告》，科学出版
   社，2010 年。

10. 苏州市考古研究所 :《昆山绰墩遗址》，文物出版社，2011 年。

11. 南京博物院 :《花厅——新石器时代墓地发掘报告》，文物出版社，2003 年。

12. 龙虬庄遗址考古队 :《龙虬庄——江淮东部新石器时代遗址发掘报告》，科学出版社，1999 年。

13. 浙江省文物考古研究所，南京博物院，上海博物馆 :《良渚考古八十年》，文物出版社，2016 年。

14. 浙江省文物考古研究所等 :《权力与信仰 : 良渚遗址群考古特展》，文物出版社，2015 年。

15. 浙江省文物考古研究所 :《浙江考古新纪元 》，科学出版社，2009 年。

16. 浙江省文物考古研究所 :《浙江考古精华》，文物出版社，1999 年。

17. 嘉兴市文化局 :《崧泽·良渚文化在嘉兴 》，浙江摄影出版社，2005 年。

18. 海盐县博物馆 :《盐邑瑰宝——海盐县博物馆馆藏文物精选》，文物出版社，2012 年。

19. 浙江省文物考古研究所 :《浙江省文物考古研究所学刊 : 建所十周年纪念（1980—1990)》，科学出版社，1993 年。

20. 徐湖平：《东方文明之光——良渚文化发现60周年纪念文集（1936—1996）》，海南国际新闻出版中心，1996年。

21. 上海博物馆：《文明之光》，上海书画出版社，2014年。

22. 中国国家博物馆，浙江省文物局：《文明的曙光——良渚文化文物精品展》，中国社会科学出版社，2005年。

23. 张炳火，良渚博物院：《良渚文化刻画符号》，上海人民出版社，2015年。

24. 浙江省文物考古研究所、平湖市博物馆：《平湖庄桥坟遗址刻画符号图集》，文物出版社，2014年。

25. 《考古》2001年第10期（浙江专辑）。

26. 《考古》2002年第10期（上海专辑）。

27. 钱公麟，姜节余，丁金龙，吴国良：《江苏吴江龙南新石器时代村落遗址第一、二次发掘简报》，《文物》，1990年第7期。

28. 上海博物馆：《上海福泉山遗址吴家场墓地2010年发掘简报》，《考古》，2015年第10期。

29. 李文杰：《中国古代制陶工艺研究》，科学出版社，1996年。

图书在版编目（CIP）数据

内敛与华丽：良渚陶器 / 赵晔著. —杭州 ：浙江
大学出版社，2019.7（2023.12重印）
（良渚文明丛书）
ISBN 978-7-308-19194-4

Ⅰ．①内… Ⅱ．①赵… Ⅲ．①良渚文化—陶器
（考古）—研究　Ⅳ．①K876.34

中国版本图书馆CIP数据核字（2019）第105550号

内敛与华丽：良渚陶器

赵　晔　著

出 品 人	鲁东明
策 划 人	陈丽霞
丛书统筹	徐　婵　卢　川
责任编辑	顾　翔　徐　婵
责任校对	杨利军　程曼漫
装帧设计	程　晨
排　　版	杭州林智广告有限公司
出版发行	浙江大学出版社
	（杭州市天目山路148号　　邮政编码　310007）
	（网址：http://www.zjupress.com）
印　　刷	浙江省邮电印刷股份有限公司
开　　本	880mm×1230mm　1/32
印　　张	6.875
字　　数	100千
版 印 次	2019年7月第1版　2023年12月第5次印刷
书　　号	ISBN 978-7-308-19194-4
定　　价	58.00元